手足心理学

多子女家庭的
生活指南

FRÈRES ET SŒURS,
UNE MALADIE D'AMOUR

著　Marcel Rufo
　　马赛尔·拉夫

　　&

　　Christine Schilte
　　克里斯蒂娜·施勒特

译　王怡静

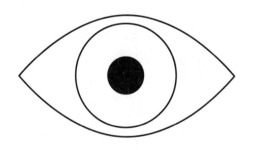

文匯出版社

图书在版编目（ＣＩＰ）数据

手足心理学：多子女家庭的生活指南 / （法）马赛尔·拉夫，（法）克里斯蒂娜·施勒特著；王怡静译 . -- 上海：文汇出版社，2020.8
ISBN 978-7-5496-3252-7

Ⅰ.①手… Ⅱ.①马… ②克… ③王… Ⅲ.①家庭教育 – 教育心理学 – 指南 Ⅳ.① G780-62

中国版本图书馆 CIP 数据核字（2020）第 118160 号

FRERES ET SŒURS
by Marcel RUFO

著作权合同登记号：09-2020-739

手足心理学：多子女家庭的生活指南

【法】马赛尔·拉夫 克里斯蒂娜·施勒特 著 王怡静 译

责任编辑 苏 菲
特邀编辑 杨 萌
封面设计 扁 舟
出版发行 文汇出版社
上海市威海路 755 号
（邮编编码 200041）
发 行 全国新华书店
印刷装订 北京金特印刷有限责任公司
版 次 2020 年 8 月第 1 版
印 次 2020 年 8 月第 1 次印刷
开 本 880mm×1230mm 1 / 32
字 数 140 千
印 张 8
书 号 ISBN 978-7-5496-3252-7
定 价 48.00 元

献给我的兄弟们：切利、法努、达尼埃尔、马里奥和阿尔多；

献给我的大姐姐们：莉萨和艾婕娅。

目　录

前　言

我是一个拥有七个兄弟姐妹的独子

阿兰·马尔切利，人称切利，是我的兄弟，是我至真至诚的兄弟。我们四岁相识，计划几年后当彼此都退休了，就一起驾驶帆船环游世界。

法努和达尼埃尔是我上医学院和参加橄榄球队时的好兄弟。

西西里岛人阿尔多和皮埃蒙特人马里奥，这两个意大利人因与我是同乡的缘故成了兄弟。

至于莉萨和艾婕娅，在我的整个童年时期扮演着大姐姐的角色。那时，母亲常将我托付给这两个才十五六岁的远房表姐。这两位出色的女孩子既成了我的亲姐姐，又是我真正的"小妈妈"。艾婕娅特立独行，冒失轻率。她曾将我暴晒于炙热的阳光下，也曾将四岁的我直接扔进水里教我游泳。在那些刮着东风、下着暴雨的日子里，我们在礁石滩上捡来的海螺常常被她一个人吃掉大半。莉萨是"近乎完美的那个我"，总是给予我关心，抚平我躁动的内心，教导我对家庭的尊重。当然，我深深地爱着她，希望"等我长大了"就娶她为妻。然而随着年纪的增长，我觉得艾婕娅也有着许多优秀的品质。

母亲才去世不久，莉萨便病得不轻，我害怕失去一位姐姐。当一个人能给予你这样一个"超我"的形象，您会希望将她长长久久地留在身边。现在，莉萨有了好转，但当想到再次成为孤儿的那一刻，我依旧惶恐不安。莉萨和艾婕娅，如亲姐姐一般，是我的家人。

我这两位姐姐出身航海世家。在一个多世纪里，家族的水手们都会向天主教堂进献"奉献物"以祈求庇护，使他们免遭暴风骤雨的威胁。十几年前，远航的水手们，即她们的儿子们，决定将一尊洁白无瑕的珐琅制萨沃纳圣母雕像请回家中供奉。每当他们幸免于一场海难后，都会向圣母奉献珠宝。如今，这尊圣母像周身被金手环、珍珠项链及钻石胸针等首饰覆盖。当我的两位表姐百年之后，将由她们的家族继承这尊圣母像及奉献物。但在我的诸多表亲中，谁来掌管这一事关家族的隐秘异教奉献物呢？爱、传统、血缘……诸多因素交错其中。

一天早上，夏日明媚的阳光洒在科西嘉岛巴拉涅地区的一个俯临卡尔维海湾的小村庄里。我正在此地拜访我的医学导师，一位著名的解剖学专家。

清晨五点，我被一阵阵敲门声惊醒。我的导师叫我去他那里，说有事找我。前一晚我和一群俄罗斯朋友在卡尔维城堡附近的一家钢琴酒吧聚到很晚，虽然起床困难，但大老板的绝对权威还是将我拖出了被窝。我心里盘算着他估计是遇到什么棘手的疑难杂症才会需要我的帮忙，于是满心欢喜地做好了陪同出诊，或协助其进行一台复杂手术的准备。

什么也没有发生。他请我在一个能俯瞰秀丽景色的露台角落挨着他坐下，对我说："你看！你听！"我暗暗抱怨，半梦半醒地回答："老师，我什么也没有听到，只看到了日出，还有远处在小渔船上打鱼的蒂耶努和已经坐在港口咖啡馆里的费利克斯！"导师笑着对我说："看到日出已经很不错了。但你再听听。"我没有再固执己见，尽力竖起耳朵认真听着。"是的，确实，我听到远处的铃铛声。这或许是一群正在爬坡的羊群，要赶在下午毒辣的烈日前找到鲜嫩牧草。"这一观察结果在导师看来还不够，他进一步要求："再好好听一听，看一看。"我照做了。在夏日的薄雾中，我依稀分辨出一片橄榄树的海洋。这幅图景立刻让我想起了他的某个兄弟向我推荐的一本书——伊塔洛·卡尔维诺所著的《树上的男爵》。这本小说讲述了一个对大人们的世界失去兴趣的孩子，他决定生活在一株橄榄树上而成了一位"栖息于树梢间的男爵"。

我就在那里，在导师巴拉涅的家中，却沉浸在飘荡的思绪里。此时，他的声音将我笼罩："你听到羊群的声响，看到广袤如海的橄榄树园，注视着在卡尔维城堡和赫维塔海角的海面上冉冉升起的旭日。那么你便能够想象到，你和古罗马人听到和看到了相同的事物。现在，你可以去睡个回笼觉了。"我所做的，就是在心中牢牢认定导师的儿子法努是我的兄弟。

正是通过那些生活点滴的分享和共同记忆的构建创造了手足之情。我是法努的兄弟，也是他的兄弟姐妹中的一员，而我对他们的父亲那无尽的敬仰之情使我更加坚信这一手足关系。在我的一生中，我都和这个家庭保持着这样紧密的手足关系。在"我们的父亲"的葬礼上，这种手足情感关系变得更加鲜明突出。在教堂里，我自然地加入前来悼念的学生队伍中，来向这位医学界的大师致以最后的敬意。然而导师的一个儿子在人群中发现了我。他走过来请我加入家属的行列。这一天，我意识到以往的付出得到了回报：随着这位伟大导师的离世，身为独子的我拥有了一个大家庭。

其实，像其他独生子女一样，我们总是选择和那些拥有许多兄弟姐妹的人交朋友。正因为感到孤单，我们才如此渴望进入到一个大家庭中。

小的时候，我十分嫉妒我的舅舅，即母亲的双胞胎弟弟，嫉妒他们之间亲密无间的关系。当我成为一名儿童精神病医生后，我便开始对维系双胞胎手足关系的特殊性进行实体研究，尤其是因为一段奇异的生活插曲。

"喂，路易丝，我做了一个噩梦！"

"喂，路易，我也是！"

在这个秋日的上午，我的舅舅路易从巴黎致电他的双胞胎姐姐路易丝——我的母亲。由于他们有着相似的感受力，同样的从容与泰然，对事物有着同样的理解力，因此这通电话并没有什么异常之处。如此，两个人都在同一晚做了一个噩梦。虽然不要紧，但路易还是决定来土伦与母亲会面，并相约在大教堂旁边一间名为卡斯特沙布尔的老药店前见面。他们一定要一起聊聊这件事。

当母亲告诉我，她和舅舅同时都做了个噩梦，并且相约几个小时后见面谈谈此事时，同往常一样，我十分生气，认为这对双胞胎早就该接受心理跟踪治疗，才不会在六十岁的时候还做出这些幼稚和不成熟的举动。我的整个童年都被灌输着这一孪生之谜。随着年纪的增长，这个谜团愈加使我感到不快，以至于青春期时，除了对父母的叛逆，我还对舅舅与母亲的孪生关系颇为反感。

于是母亲动身赴胞弟之约。路易，像往常一样，由七号国道驶下。据他所说，这样做是为了避免"高速公路上的种种危险"。然而，危险潜伏于它处。在土伦，舅舅下车后被绊倒摔在人行道上。诊断结果确认无疑：大腿骨骨折。就在同时，路易丝——我的母亲正经过阿尔扎特街上，推着我年仅几个月大的女儿艾丽斯散步归来。突然，母亲在一家花店前滑了一跤，倒在了一堆打翻的水桶中。她的膝盖扭伤了。幸好花店老板在四处飞散的迎春花中接住了我的女儿。

我在医院的同一间病房里见到了躺在相邻病床上的路易丝和路易，他们一个打着石膏，另一个吊着牵引。看到我来了，他们说："好吧，你还不相信我们的噩梦吗？"

这段插曲使我再一次对双胞胎那超出了心理学、精神分析学和自然科学所有能力范畴的令人难以置信的感知能力惊愕不已。因为这个噩梦，路易和路易丝，这对感情颇深的双胞胎，竟然一致决定在同一时刻撞伤下肢吗？这一状况使他们回想起幼年时光：当路易摔破了左边眉骨，路易丝则弄破了右边眉骨；路易肚子疼，路易丝则染上肺病；路易得咽炎的时候，路易丝的耳炎发作……时至今日，我对于涉及双胞胎的事情会持更加谨慎的态度，尤其当他们谈论噩梦的时候……

当父母一方有孪生手足时，共同生活的亲子关系会成为一段尤为特别的经历。当我们还是孩子的时候，特别是家中的独子时，我们总觉得自己是唯一一个同父母有着亲密关系的人。然而父亲或母亲的孪生手足与之分享关爱，与之建立紧密且默契的情感关系时，会在孩子的内心激起一种特殊形态的嫉妒情绪。孩子会暗自猜测父母对于这个"复制品"是否付出了比对自己更多的情感。

至今，我已接诊过许多同手足相处存在障碍的孩子。他们当中有的孩子出现行为倒退的症状，有的孩子则表现出攻击性，还有的出现身体机能紊乱的情况，而更多的孩子则选择自我封闭，缄默不语，拒绝一切社交活动。这些障碍表现都严重危害着他们的成长。

费利克斯拿着自己的成绩单走进了我的办公室。他将成绩单递给我，让我看看我们一起取得的进步："成绩优秀""做得不错""做得棒""令人满意"。只有音乐老师的评价语气稍显保留："这门课并不是全由笔头作业决定！""非常棒，费利克斯，这是荣誉奖状。整个班级也将会因你的发言而有所收获。"班主任如此总结道。

费利克斯还将他的最后一次法语作业钉在了成绩单后面，题目是《在长毛龙怪之地的王子》：

从前有一位名叫让的王子，他喜欢独处，不愿跟任何人说话，于是独居在一座山顶上的高塔里，隐藏于一片浓密的森林后面。有一天，当他刚从睡梦中醒来时，一只长着金色翅膀的小鸟停在他的窗台上。看着这只仿佛经历了一场漫长旅行而疲惫不堪的小鸟，王子心想，这美丽的鸟儿是从哪里飞来的？小鸟的喙部衔着一张纸。这是一封匿名信，信中说如果王子再多独自生活一天，他就永远不可能获得幸福。如果王子想要彻底摆脱这种困扰，就必须到山下的河边去。

尽管不喜欢接触陌生人，王子还是决定赴约。一来到河边，他就看见了一只全身覆盖着毛发的龙怪。那封信正是这只龙怪让美丽的小鸟递送给他的。

　　突然，龙怪口中念着些叫人听不懂的词语，王子发现自己已身处另一个世界。在这里只有成群的龙怪，有大的、小的。长毛龙怪走近他对他说："不要害怕，我是来将你从诅咒中解救出来的。"王子在这个世界住了好几年，龙怪教会了王子很多东西。在这个世界里，不是所有龙怪都是一副凶神恶煞的面孔。

　　王子的第一位朋友便是一只长毛龙怪。

　　费利克斯的成绩着实使我惊讶不已，因为这个孩子几年来一直受到一种语言恐惧症的折磨。他几乎只跟父母、哥哥和一小群同学说话。他从不在上课时发言，也不和老师们以及不熟识的人交谈。

　　我认识费利克斯已经一年多了。在小学五年级的时候，他在父母的带领下前来找我就诊。对当时的他来说，讲出自己的病症是件不可能完成的事情。刚一提及此事，他便啜泣起来。于是我采取了保守治疗，只希望他能通过与一群朋友的交往逐步适应初中生活，且配合心理治疗帮助他走出自闭的囚笼。而现在，费利克斯竟然已经可以在一篇习作中谈论自己的病症与孤立处境了！

　　费利克斯有个哥哥叫纪尧姆。长久以来，纪尧姆始终忍受不了弟弟的存在。费利克斯的这篇习作也从另一个视角反映出他们兄弟间又爱又恨的关系。那个叫作让的王子自然是费利克斯，而我确信"长毛龙怪"不是别人，正是他的哥哥纪尧姆！费利克斯期望哥哥能帮助自己克服自闭的阴影，希望哥哥能像那只长毛龙怪一样，成为自己的第一个好朋友。

纪尧姆能够接收到费利克斯传递的信息吗？他愿意对弟弟做出这个承诺吗？往后的岁月会说明一切。眼下，费利克斯还是个脆弱、感性且忧伤的孩子。然而自从他们两个人都进入初中学习后，兄弟间的关系便逐步好转，仿佛他们之间的手足竞争变得模糊起来，哥哥也逐渐接受了日益长大的弟弟。

费利克斯的案例使我想到了另一段相遇。

这已经是几年前的事情了。我曾接诊过一个叫索菲的小姑娘。她沉默不语，而我也无法让她张嘴说话。后来，我与她断了联系，只是听说她被送进了一所专门接收智力发育迟缓儿童的学校。

一日上午，我接到了一通电话。当听到话筒那头传来的声音时，我惊呆了。"喂？您好吗？我是索菲。"我承认，此刻，我禁不住用了一种相当笨拙的方式表达了我的惊讶："但……但你说话了？"电话那头先是一阵笑声回应我，接着她问："您知道我哥哥那时也不说话吗？"我回答说知道。接着索菲向我解释道："我们当时和爸爸单独生活。那时我们在家里玩了个游戏，看谁和爸爸说的话最少。"

挂断电话后，我意识到儿童精神科医生有时是难以想象在一个个家庭里鲜活上演的一幕幕情景的。

借由本书，我希望父母们能够更好地理解在兄弟姐妹之间上演的一幕幕情景剧。当父母面临是否迎接更多孩子到来的选择时，他们认为能够以相同的方式爱每一个孩子，也认为这些有着相同遗传基因的孩子们将会具备相同的特征。他们甚至由衷地相信这些在爱中诞生的孩子将会相处得十分融洽。我只能遗憾地对他们说："这种想法是一个错误。"

手足之情建立于一种强制性的情感关系上。这种关系，跟绝大多数的依附形式一样，通过日常生活点滴和共同分享事物的经历逐渐培养起来，如生活场所、一日三餐，以及每个人都能够辨别出父母经过走廊或浴室留下的香水气味等。因此，经过长期深入的相处磨合以及不断重复的成长经历，依附关系才得以逐渐形成。

分享也是构筑手足关系的一个重要因素。我们知道孩子几乎不可能接受他人与自己分享父母的关爱，对于物品的分享也十分困难。因此，对一个孩子来说，要将自己的一件旧毛衣让给弟弟是件多么可怕的事情。即使这件毛衣太小了，即使它已被长年累月地遗忘在衣柜里，但又如何让孩子理解这件毛衣将不再属于自己了？父母们常常荒唐地混淆了"分享"与"赠予"这两个内涵迥异的词语。"赠予"是一项个人选择，是个体响应自身良知或内在道德判断的召唤而非外界迫使所产生的行为；手足关系并非鼓励"赠予"，而是鼓励一种社会认同中的"分享"行为。父母们总是说："你应该（把它）给你弟弟，因为他是你弟弟。"如果这些父母有机会亲临见证自己遗嘱公开的那个时刻，他们也许会彻底明白一切绝非这般简单……

本书辅以我从诊经历中接手的孩童及青少年的诸多病例。尽管这些故事几乎无一例外地涉及"生了病"的手足关系，但却促使我们去理解这种建立于兄弟姐妹间的天然关系的方方面面。

与我的经历相似，我的同行们，无论是儿童精神科医生、心理医生、儿科医生，还是全科医生都时常遇到因手足矛盾而产生的致病案例。在诊疗中，父母们总会提及这些相似的症状："他嫉妒姐姐（妹妹）""他们总是吵吵闹闹""孩子们之间的糟糕关系让我们的家庭生活变得一团糟"……

我们无权选择自己的兄弟姐妹，而是被迫接受父母将他们带入我们的生活。很显然，拥有兄弟或姐妹，首先意味着面对一位竞争对手。当这些对抗和怨恨止步不前时，共同的生活也不再向前迈进。某个孩子内心由此滋长的对于哥哥或姐姐、弟弟或妹妹的负面情感会发展成危害健康的毒瘤，它不仅极大地扰乱了家庭生活，还会对自身心理、智力及社交能力的发展造成严重阻碍。幸运的是，并非所有家庭都会遭遇如此状况：这完全取决于手足关系中每个成员的个性和情感脆弱程度。他们在日常琐碎的竞争中不断进行自我衡量与调整。父母们也不要忘记，即使在那些艰难的时刻，竞争关系也是一场良性竞赛，有助于推动家庭中所有孩子的共同成长。

我邀请您同我一起走入这间治疗"生了病"的手足关系的诊所。我敢打赌这些故事将唤起您最私密的记忆。正巧，提到"私密"，请让我向您透露我女儿艾丽斯的一个想法："我是想要一个弟弟或者妹妹，但我希望自己永远是最小的。"

1

故事的起点，第二个孩子来了

马赛，北部街区，一间医疗教学研究所。我接待了一对和善的夫妻，为他们身患残疾的孩子提供诊疗咨询。他们谈起了因患先天性染色体疾病而正经历发育严重障碍期的孩子。在谈话中，我了解到这个小男孩有一个一岁零九个月的妹妹。她发育良好。相比哥哥，她的进步都是那么"显著"。兄妹俩相处得很融洽，经常在一起玩耍。哥哥只是曾两次不小心将妹妹推倒而已。

父母不得不承认，随着小女儿的不断长大，不管在语言能力还是心智表现方面，她都将快速地超越哥哥。而哥哥虽然智力发育正常，但身体的残疾将会伴随终身。此外，为了维持两个孩子平衡融洽的相处关系，父母精心安排单独与每个孩子的亲子时光显得十分重要，即轮流先陪伴女儿，再照顾儿子。目前，虽说女儿既不理解也不会记住哥哥残疾的事实，但这状况不会持续太久。父母必须帮助女儿一点点地接受哥哥患可怕疾病的现实，理解由该病所引发的种种发育障碍。事实上，小姑娘必须接受：虽然自己是年纪最小的那个孩子，但她要做一个大姑娘。

孕育后代，对于任何一对夫妻来说都是再寻常不过的事情了。

第一个孩子安抚了母亲的不安，就算厄运有时会在养育孩子的过程中不幸降临，孩子们仍然是她们生育能力及母性潜质的佐证；而对男性而言，孩子的降临无疑使其最大限度地感受到来自伴侣的爱：因为她选择了他来实现孕育生命的愿望，他才成为了父亲。正是对这一被动角色的接受，才使他不管在妻子怀孕期间还是在之后的过程中都能从心理上积极地成长为一名父亲。他无时无刻的关心以及牢固可靠的家庭规划给准妈妈带来了对未来孕期生活的从容和坚定。当孩子降临，父亲这一角色为所有人的幸福构建起一种良好的三人关系。

第一个孩子的出生使更多家庭成员的到来成为可能，由此构建起手足关系。组成该关系的孩子数量其实并不重要。我认为，重要的是每个孩子所掌握的改造父母、使其成为"好父母"的能力。尤其因每个孩子的出生状况和脾气秉性各不相同，每个孩子都使父母得到了一次重新扮演该角色的机会，且在与每个孩子的相处过程中，这一角色鲜少一成不变。我深信，每个父母都暗自希望这一次能够做得更好些。

在孕育二胎的决定上，相比于第一个或在爱情悸动中孕育的孩子，或有时甚至担任起弥合夫妻感情破裂任务的孩子而言，夫妻俩则需要更多深思熟虑。那么这个新生儿必须注定是优秀与完美的化身。因此，正是父母以极其自然而又不曾察觉的方式为手足间的竞争关系投下了第一块砖。在不同家庭中，这些砖块成为一堵矮墙或一面高墙，甚或砌筑成一面嫉妒的壁垒。

第二个孩子比起第一个来说显得更加"真实"。鉴于父母早已掌握了同婴儿一起生活的技能训练，因此他们在同第二个孩子的相处中感到更加自在。父母在与肩负着家族传承重任的老大的相处过程中学到了很多。正因为有了第一个孩子，特别是男孩子，夫妻的血脉便得以继承，家族姓氏得以延续。对二胎的渴望有时则表达了父母内心颇为病态的担忧：倘若老大遭遇致命不幸，他们起码还有一个可以疼爱和珍惜的孩子；某些夫妻则试图通过第二个孩子来慰藉某种失望之情：例如，当老大在产检或出生时被诊断患有某种染色体遗传疾病，做出生二胎的决定则需要相当的勇气；还有些夫妻因在养育老大的某些方面遭遇失败，常常希望第二个孩子能在这方面获得成功，我还听一位青少年称自己的哥哥为"草稿"……总而言之，因为这第二个孩子，父母们能够在时间的长河中逆流而上，重新找回记忆深处的那些美好时光：牙牙的学语，温柔的微笑以及为一个对自己全心期待的小生命所付出的呵护。这一次他们会更加关注那些在照顾老大时不曾注意或理解的种种表现。如今，孩子的这些表现都显得如此崇高。

甚至早在出生前，这第二个小生命就已经开始扰乱一家三口的平静。无一例外的，在怀孕初期，一个问题就摆在了父母的面前：如何向即将成为老大的孩子宣布这个消息呢？事实证明，在很多父母的眼中，这个小家伙的突然闯入并非对所有人而言都是好消息。在孩童时代有此经历的父母也并非都对此存有美好记忆。甚至对某些人来说，婚姻也许是逃避与兄弟姐妹共同居住的压抑生活的一种选择。

据我每天的观察，随着对孩子心理发育的日渐关注，所有父母都会对于新生命的降临所带来的一系列后果产生诸多疑问。老大的内心会不会因此而产生重大波动？父母的首要疑惑集中在对这个"大哥哥"或"大姐姐"的关爱程度的问题上，孩子是否会责怪父母送给自己这样一份"礼物"呢？对父母的爱是否会有所减少呢？依据经验，父母们都知道爱是一种难以与他人分享的情感。此外，他们也会自问是否会对两个孩子付出相等的怜爱与疼惜呢？是否能够做到不表现出任何的偏爱呢？这些合理的恐惧仍旧根源于他们各自与兄弟姐妹相处时的孩童记忆。每当有新的家庭成员呱呱坠地，不论排行如何，新生命的到来总会重新唤起那些或欣喜或糟糕的记忆。父母二人都各自有着这样私密且不为伴侣所知的记忆。

过往的家庭记忆如同一片沃土，滋长出种种天马行空的幻想。因此，当准妈妈得知自己即将迎来一个女儿的诞生时，她或暗自希望，抑或害怕女儿会像自己的姐妹一样；而准爸爸如果是家中的独子，则会从他得知自己将为人父的那刻起，憧憬着拥有一个弟弟或者妹妹的喜悦，因为这样的经历是他不曾体验过的。他将伴随其童年时代的假想兄弟姐妹的所有趣事幻想投射到自己即将出世的孩子身上。对于尚未出生的孩子，他有一种既是父亲，又是兄长的感觉。

然而某些记忆则使内心纷扰不堪，如某个兄弟的早逝、某个姐妹的残疾或父母的离异，手足关系中的每个成员都以不同的方式经历着这段生活记忆。其他的环境状况也强烈地影响着是否生育二胎的决定，新生命的降生是来取代一个不幸夭折的孩子吗？是为了抹去一段人工流产的灰色记忆吗？抑或是修复第一个残疾孩子所带来的伤痛吗？还是为了挽救一段即将破裂的婚姻关系呢？当夫妻面临分手抉择，二胎的降临有可能成为感情彻底破裂的动机和关键因素吗？

如果说第一个孩子自诞生之日起便背负着家族的重任，那么第二个孩子的到来同样有他自己的责任，只是内容截然不同罢了。

他们对我做了这些！

如今，哥哥姐姐们的"烦心事"来得越来越早。当超声波造影技术和性教育还未出现之时，孩子只有从一些微乎其微的迹象中隐约猜到家里正发生着什么。孩子会注意到，比如，妈妈每天早上感到恶心；爸爸更多地陪伴在侧，对妈妈更加体贴；他俩都想改变家中的家具布局……而现在，当挤在父母之间坐在客厅沙发上时，孩子会发现或猜到在那张小小的超声波照片上，有一团将会彻底颠覆原本三人生活的黑影。早餐时，妈妈会讲述一些小种子萌芽的奇怪故事等。总之，一切已成定论：是个女孩，或是个男孩，几个月之后，就见分晓！孩子成了哥哥姐姐，父母却没有给予他们足够的时间去憧憬这样的生活。

在我看来，超声波造影技术最先在老大的生活里投下了一枚不幸的炸弹。如果说直到目前为止，他还心存侥幸，希望妈妈并没有怀孕的话，那么如今他证据在握，便彻底跌入焦虑，甚至是惶恐的境地！就这点来说，那些被母亲带来陪同参与超声波检查的孩子往往内心承受着最剧烈的波动。在我看来，这种做法有待商榷，因为怀孕一事只涉及母亲本人，孩子亲身参与到这一医疗行为中可能被解读为是有悖伦常的现象。万一检查结果显示胎儿存在发育畸形，那么父母将被置于一个非常棘手的处境中：该如何向陪同检查的孩子解释呢？该怎么办？马上将他带离吗？无论做出哪一种决定，孩子都会面临极大的焦虑情绪。

陪伴母亲参与超声波检查的孩子往往表现出不安：他们做着鬼脸，嘴里嘟囔着什么来表达自己对这种丑陋场景的评价。当看到母亲腹腔的样子时，几乎所有的孩子都感到一种莫名的恐惧：他们也是从那儿出来的。在是否让孩子参与的问题上，医生及父母们的意愿远远没有达成共识。我认为，对老大来说，那张影像照片的存在便足以成为恐惧的源头。

然而，让孩子逐渐做好迎接弟弟妹妹出生的准备是必不可少的，因为惊讶效应常常让人身心受创。老大必须确信自己拥有父母的疼爱：只有当他（她）对父母是否具备同时疼爱两个孩子的能力产生的质疑逐渐减少时，由此产生的焦虑情绪才会逐渐降低。但是，他（她）将很难承认自己会像从前那样获得疼爱。孩子们擅长比较，原因很简单，因为孩童时期是每个人识别个体差异而对自身进行更好定义的绝佳时期。为了帮助孩子明白自己仍然并将一直得到疼爱，父母可以重新唤起他（她）对婴儿时期的点滴记忆。讲述这些故事就是最好的心理治疗之一。另外，何不将上一次的旅行照片，那些当老大还是独生宝贝时期的照片摆放在胎儿的超声波照片旁呢？对往日生活的征服与肯定使孩子更易接受这样一个与自己如此亲密，却又令其天然产生嫉妒之情的"入侵者"的到来。

对老大而言，想到即将有个弟弟或妹妹将是一场奇特的发现之旅。只有那些年龄低于一岁半的孩子才会对此无动于衷。因为他们所处的年龄段还不具备有意识记忆，即处于心理学上所称的"童年期遗忘"阶段。他们会始终觉得自己同一个弟弟或妹妹生活在一起。他们之间的手足关系更接近孪生关系，但又彼此区分，因为父母并非将他们以双胞胎的方式抚养长大，而这足以改变一切！

成为老大

弟弟或妹妹的到来促使孩子开始思考"大孩子"这件事，因为父母告诉他（她）将会有一个"小家伙"到来：这是一个小弟弟、小妹妹或者一个小婴儿。某些孩子会以十分激烈的方式抗拒这种外界强加于自己的身份，生长发育停滞正是他们内心痛苦的表达。

三岁的小男孩朱利安，温顺而敏感。十分自然地面对着我坐在妈妈腿上。

朱利安患了一种奇怪的毛病。近一年来，尽管饮食和睡眠都很正常，但身高却一厘米也没长。任何医学检查都无法给出真正的诊断结果。母亲十分担心，怨叹上天对她的家庭太过残酷。一年前，她的第二个孩子早产，留院观察长达几个月之久。每天下班后，她便乘公交车来到位于远郊的医院照顾孩子。平日异地奔波工作的父亲则会在周末接替母亲。如此紧凑的时间安排使她再也抽不出时间接送朱利安上幼儿园了，于是她请自己的母亲帮忙照顾。因此，朱利安同外婆一起在乡下生活了近半年。每天的电话联系和两周一次的见面成了他与母亲维系亲子关系的方式。对此，朱利安既不拒绝也不同意，只是平静地接受。

在弟弟出院两周后，朱利安也回到了父母的身边。从那时起，他的行为毫无异常，甚至对弟弟表现得十分亲热。去年九月，朱利安从幼儿园毕业成了一名小学生。他的老师形容他是"一个时而略显忧郁的梦想家"。他并没有太多朋友。

事实上，朱利安将自己远离父母的生活视作一种遗弃，而外祖父母的疼爱终究无法取代父母的爱。他将此事总结为：只要自己变得矮小多病就可以留在父母的身边。这就是为什么他选择停止长大的缘故。

两岁半到三岁的孩子已经在心理发育方面经历了一个重要阶段。一岁时，他们学会了区分自己与母亲，会在面对一张陌生面孔时，表现出焦虑情绪。两岁时，他们经历了要要点小聪明的"反抗期"。我经常向父母们解释这种现象：孩子对一切事物说"不"是为了更好地学习说"是"。三岁时，他们几乎已经不再依赖尿布，他们会说"我"，掌握近1500个单词，他们创作的"大头"娃娃画像被父母们贴在家中的各处墙壁上。我总是注意到这些孩子是父母欢乐和幸福的源泉，是父母如此引以为傲的宝贝。与此同时，这个年纪的孩子认为他们拥有"世界上最美丽的妈妈"和"最强壮、最亲切的爸爸"。这个年龄段是孩子进入"俄狄浦斯情结"的时期，即恋母（父）情结。在这个时期，孩子对父母的情感可谓是爱恨交织，使他们的内心无法平静。因此，他（她）无法忍受另一个人将与自己分享父母的疼爱，而且在这个人还没出现时就已经长时间地牵扯着父母的精力。这个即将出生的婴儿也早已占据了诸多时间和空间：人们为他（她）思考着名字，布置着婴儿房，甚至在老大的房间摆放一张婴儿床；在散步时，妈妈也不愿再抱着老大了。更别提不停歇地为新生儿做着各种计划和安排的奶奶了。

最后，很多父母决定是时候把他们三岁的"大孩子"送进幼儿园了。即使孩子对这一安排并无特别厌恶，还是会因即将离开妈妈而忧心忡忡。我认为许多处在这一年龄段的孩子还没有完成心理学上所谓的"个体化－分离"阶段。这一发育过程是成长中必不可少的阶段。因为随着思维的发育，孩子才逐渐能够接受母亲的离开。日复一日，月复一月，分离对象的形象便或快或慢地在每个孩子的脑海中建立起来。为了克服被"遗弃"的焦虑情绪，孩子必须学会想象着母亲现在身在别处，正在忙于处理自己的事情；但他（她）尤其需要完全相信母亲会在"妈妈的时间"出现在这里。然而这样的信念又常常因另一个念头让孩子困扰不已：妈妈在离开的时间里正在照顾另一个孩子。难道这不充分地说明妈妈不再像从前那样爱自己了吗？况且，为了照顾小婴儿，她不是连工作也不要了吗？这个年纪的孩子如何会知道产妇享有休假的权利，而且在他（她）出生时，妈妈也享受过这般待遇呢？我觉得应该毫不犹豫地向孩子说明这点。

在家里，在日常生活中，失宠的恐惧显露无遗。老大必须忍受每个人的奇怪表现，他们醉心于婴儿的啼哭、微笑甚至是大便！当他（她）如此努力地克制自己不要在裤子里尿尿时，又怎能理解家人如此的态度呢？为什么这个小婴儿可以在深夜哭闹，而害怕黑夜的他（她），只能每晚提醒父母给自己留一盏夜灯入眠？此外，自从"另一个"来了，好像每晚的亲吻和睡前故事都变得更短了，变得更敷衍了。在三岁时成为老大，很难，太难了！

我想强调的是，在这一时期父亲被召唤承担起他们"一生的角色"。正因为他们在和老大相处的过程中还很难处理父亲的角色，老二的出生给了他们第二次机会。希望父亲此时将新生儿留给母亲照顾，单独地陪伴老大玩耍。当然，父亲要配合一点，时不时接受与伴侣交换陪伴任务。父母要相信，两个孩子都能从父母单独的陪伴中感受到更好的疼爱。

她想要一个弟弟，他嚷嚷着要个妹妹

我从未向父母们揭示这一事实：觉得老大想要一个弟弟妹妹的想法着实是一个错误。父母们必须摒弃这样的念头。因为它对于夫妻关系具有破坏性，且在父母和孩子之间建立起一种带有乱伦性质的家庭关系。真的，母亲根本不该说自己是应三四岁大的孩子的要求怀上另一个的。正处于性别认知构建的关键时期，即恋母时期的老大在此期间总是含情脉脉地望着母亲，而对于将父亲驱逐出家庭环境之外沾沾自喜。如此强烈地梦想着成为妈妈的"丈夫"而又无法通过语言表述的他，除了排斥父亲，再也想象不出更好的方式了。然而，对于"乱伦"持避讳态度始终是构成我们所处社会的基础之一。

不管怎样，父母们经常听到独生子女说，"我想要个弟弟"，或者"什么时候我才能有个妹妹？"这样的话语被解读为是孩子试图逃避或转移注意力的表现。我们只需要研究一下老大在面对超声波影像或在第一次见到新生儿时的种种反应，就会对此深信不疑。这些言语其实是对父母行为反应的迎合。出于爱，孩子们会说出父母所期望听到的话，并且表现得十分配合：他们想要一个弟弟或妹妹，不就是因为爸爸妈妈曾说过想要另一个孩子吗？一个三四岁的孩子是无法想象自己会故意做出让父母失望的举动的。

然而，这一年龄段的孩子也会表现得十分谨慎，毕竟他们对父母的爱不是盲目的。我曾饶有兴趣地分析过他们对即将出生的宝宝的性别期许。通常对弟弟或者妹妹的偏好恰恰解释了亲子关系的构成基础：当一个男孩子希望有个小妹妹时，也许是因为如此一来他便可以安心地继续做妈妈最宠爱的那个小男孩了；反之，如果他想要个小弟弟，那八成是因为他曾无数次听到妈妈提及想生女儿的心愿。进一步说，通过这样的方式，他确信爸爸一定不会喜欢这个小女儿，那么这个小家伙也就不会成为爸爸的宠儿！同样的，家中的长女则希望妈妈能生下一个男孩，这样她就能独享爸爸的爱。所以，在对未来弟弟妹妹的性别选择上，孩子总是依据对其来说危险系数最低的判断标准，即以对这段亲子关系的破坏力最低为准则。父母们不妨回想一下在没有怀上老二前所说过的话吧，以此来细细分析一下老大的种种言论。如果一个小男孩说自己想要一个妹妹，说明他觉得自己不是父母期望中的那个完美的小男孩。无论是自信的建立还是自恋态度的产生都与父母的关注十分相关，与他们对孩子付出的或真实或伪装的尊重态度相关。排行老大的孩子时常被一个问题所困扰：如果爸爸妈妈想要第二个孩子，是不是因为我不是他们曾经期望的那样？那么为了避免父母与这个可能比自己更讨喜的孩子重新开启一段爱之旅程，如果母亲腹中的胎儿是个女孩的话，哥哥心里会平静许多。同样的，小姐姐希望妈妈给自己生个弟弟时，她也盘算着相同的计划。现实情况是，很少有身为老大的孩子希望有个与自己性别相同的手足：他（她）害怕一种直接的竞争关系，希望这是个与自己不同的人。性别相同往往总会激化手足间的竞争关系。

我认为，相比男孩而言，女孩更易接受母亲十月怀胎和一朝分娩的过程。事实上，她们很早便懂得孕育和诞下生命也将是自己所面临的"使命"。母亲的孕产经历将她们与自己未来的同样经历联系起来。因此，她们对于腹中胎儿的性别并没有过多的关注，不管是男孩还是女孩，这首先是一个小宝宝。此外，当女孩子们玩洋娃娃的时候，这个"宝宝"并没有特定的性别；除非有某些十分清楚的性别特征，否则这个娃娃有时被当作女孩，有时被当作男孩。

洋娃娃的游戏在小女孩的女性身份认知构建中扮演着重要角色。女性性别特征被定义为拥有孕育生命的子宫，从而赋予女性建立家庭的能力。小女孩们知道了女性是家庭的"制造者"。她们当中某些早熟的孩子，从二三岁起便对"家庭"一词的含义有了某些认知；而男孩子们的家庭认知则很晚，经常过了青春期后才了解。正因为对母亲的身份认同，小女孩们轻而易举地扮演起"小妈妈"的角色。某些在整个童年时期都曾遭遇姐姐过度行使权威的男孩子用自己痛苦的经历亲身证明了上述观点。

与普遍看法相反，孩子并非通过观察其同龄的远房亲戚或朋友在各自家庭中的成长经历而理解家庭的意义。对于独生子女而言，自己的父母才是完成这一过程的关键。手足之情既不是从家庭外部逐步发展起来，也不是靠观察其他同兄弟姐妹生活在一起的孩子而形成。在现实生活中，这个小小观察家往往捕捉到某些带有负面影响的信息，尤其当他的所见所闻证实了与弟弟妹妹一起生活是件极其难以忍受的事情后，那么孩子便由此得出结论：有个弟弟或妹妹，真叫人不得安宁啊。没有任何一个孩子会觉得与弟弟妹妹分享房间和玩具是件多么幸运的事情，只有父母这样认为吧。这纯粹是成年人脑中形成的唯美图景，甚至是某种逃避的念头，以此来安慰自己，因生育老二而可能引起的手足竞争与自己无关。

驱逐"入侵者"

若泽是个漂亮、讨喜的好学生。他甚至直接从一年级跳级到了三年级。可唯独他在吃饭时的表现极其古怪，虽称不上厌食，但他吃得太少了，尤其还有挑食的毛病。

若泽表现出的这一让人难以理解的行为实际上反映出存在于他和弟弟之间的竞争。他希望通过这一方式获得妈妈的关注，因为他觉得妈妈更多地将注意力放在了弟弟身上，总是不停地抚摸和拥抱这个小家伙。在若泽看来，爸爸在情感方面则显得公正不少。此外，若泽在学业上的表现使两个孩子之间的距离进一步拉大，弟弟就一直是妈妈的"可爱宝贝"。更别提年过四十的母亲总会在与别人的闲聊中说起，弟弟的出生或许是自己最后一次做母亲的机会了。

从词源上来说，"幼者"总是扮演着一个"入侵者"的角色：

他闯入别人的生活，以"多出者"的身份到来。因为他的出现或即将来临都促使整个家庭生活发生了调整。这便是最好的证明。

嫉妒是一种天然的反馈性情感。分享父母的爱是令人难以想象，甚至是不可能实现的。三四岁的老大思维发育已颇为成熟，便设想出应对策略。解决方法就是：重新变得和这个小家伙一样小，这样一来俘获父母青睐的斗争便可以更加公平地展开。为了获得相同的魅力武器，孩子往往表现得行为退步或激进以示嫉妒，变得难以琢磨、脾气暴躁且易怒多动。他（她）常常忍受着某些身体机能紊乱的折磨，其中最普遍的症状便是睡眠紊乱；其他更为明显的身体机能退化症状，则更使父母们忧心忡忡：孩子要求用奶瓶喝水；想吮吸妈妈的乳房喝奶；还表现出"继发性遗尿"的症状，即当孩子已经可以独立大小便后重新出现尿床行为；有时，孩子还坚持让父母给自己穿上尿不湿。

六岁的布鲁诺来接受治疗。自从弟弟出生以来，他又开始尿床了。他对我肯定地表示自己想要这样继续下去，如此一来大人们就会给他穿上尿不湿，外婆还会给他擦上爽身粉避免皮肤红肿发炎。他还向我补充道，不能自主大小便的弟弟还享受不到外婆这样的关注呢！

从布鲁诺的病例中，我们清楚地看到他的身体机能退化表现是主观意志下的自发行为，目的是使自己一直是外婆最宠爱的孩子。

上述这些行为的表现主要局限于家庭范围，绝大多数都只发生在母亲眼皮底下。而在外面，尤其是在学校里，身为老大的孩子便强制自己表现得如大孩子一样，然而，他对同学们做出的挑衅行为却隐隐透露出内心的不安。

挑衅行为的对象有时也会是自己的弟弟或妹妹。老大脏话连篇、言辞轻蔑，以此发泄不满。他（她）口出恶言，诅咒让他（她）感到不悦的弟弟妹妹，或至少叫他们滚得远远的。有时，他（她）甚至言行并施，最典型的就是掐、打、拉扯头发等，甚至还会来一些最阴险的花招，如推搡、牵绊等。

父母十分恼火，甚至对孩子这样的态度十分担忧，害怕老大会将这些口头威胁付诸行动。但是，在绝大多数的案例中，孩子的过激行为还是相对有所克制的。相反，言语则通常异常激烈，因为它是孩子种种幻想的直接宣泄表达；就如同画画习作一样，在大多数情况下，弟弟或妹妹都会被从家庭画中孤立出去，或因"画坏了"而被故意随手涂鸦。如此，心怀嫉妒的孩子所想象出来的事物往往带有一种极大的暴力倾向。称自己从不曾掐过或抓过弟弟妹妹的孩子真是少之又少。

嫉妒行为最初的表现若未被家人理解，或遭到过于严厉的制止后，会使身为老大的孩子掩饰起自己的情感，以使自己不至于失去父母的疼爱和家庭生活的温情。我总是建议父母们倾听孩子的心声。在我看来，嫉妒是一种再自然不过的情感了，因此比起操心那些公开表达自己嫉妒情绪的孩子，父母们更应该担心那些从不显露出任何过激言行的孩子们。伪装的平静和压抑的沉默总有一天会猝不及防地爆发出来。事实上，无论是挑衅好斗，还是压抑倒退都表达了孩子对于婴儿的一种理想化解读。父母只需付之以温柔，使孩子确切地感受来自父母的疼爱，这些恼人的行为都会轻而易举地得到纠正。

当两个孩子的年龄差距在二至四岁时，嫉妒的表现最为明显，但也可能更早地显现出来。法国著名心理学家亨利·瓦隆认为，嫉妒萌芽于成长中的第九个月，这个阶段的孩子已经完成了对"主体"概念的认知。与他持相同观点的，主要研究手足关系的心理专科医生皮埃尔·阿尔莫多瓦进一步提出：如果老大不满二周岁，由于嫉妒情绪能够帮助其完成主体与他者的认知区分，使其明白"我"与"你"是两个截然不同的人，因此嫉妒将发挥一种组织者效应。该阶段标志着社交关系意识从此建立。因此，嫉妒使孩子免于陷入"自我"和"他人"的混沌中。阿尔莫多瓦医生还认为，如果在两个年龄差距为二至四岁的孩子间，由嫉妒引起的挑衅行为与日俱增，那是因为老大负面地解读了被弟弟或妹妹作为模仿对象的事实。他（她）还没有充分掌握"自己"与"他人"这些概念，因这些概念的意识混淆而饱受困扰。

表现出退化行为的孩子则可能采取两种截然不同的态度，让他（她）更好地区分每个人的角色："大孩子"就是要像班里的同学那样，"小孩子"则像个小婴儿那样。对这两种身份的认识成为孩子完成自我定位的两种不同支撑，也见证了孩子对"空间"与"时间"的理解能力。

心理学家雅克·拉康也曾借助其"镜子阶段"理论对孩子的嫉

妒心理进行过研究。他解释道："嫉妒意味着一种假想获得，是借助他人形象进行自我结构认知的一种获得。在自我感知中，主体会将自己与构建自身结构认知的他者形象同化为一体。"拉康认为："伴随弟弟或妹妹的出生，老大的反应随着'俄狄浦斯情结'冲突的成熟程度而有所不同。"

我们也可以想一想，那些原本决定要生两个年纪相近的孩子的父母们并没有这样做的原因，是否来自对自身手足竞争关系的存留记忆？是否潜意识中，他们不想让正在经历一段敏感期的孩子置身于一种追溯自我身份构建的困扰中呢？

当我们企图解释一段不良手足关系时，追溯父母的亲身经历总能使局面豁然开朗。正因为透过孩子，父母们能够回顾往昔，重新审视并感受到自己与兄弟姐妹间的冲突原来还远远未能得到解决。父母常常惊讶地发现自己的孩子正遭遇的困难，所处的阶段和面对的情况都与曾经的自己那样相似。当父母带着他们正处于激烈手足竞争阶段的孩子来寻求治疗时，我总会问父母们这样的问题：这种状况是否使你们想到了自己与兄弟或姐妹间的对立关系呢？所有人给我的答案都是"没有"，但大多数人都在心里默默地点了点头。此外，随着治疗的进行，在通常情况下，父母们都会向我讲述他们各自同兄弟姐妹相处中的某个你争我抢的小故事。这在儿童精神病学的治疗过程中颇为常见。

三岁就有了弟弟妹妹意味着一场内心剧变，它刺激孩子产生对弟弟妹妹的竞争心理，造成了许多孩子前往心理医生或儿童精神科医生处寻求帮助的现象。庆幸的是，法国人口的最新出生数据令人欣喜：孩子间的年龄差距呈现逐渐扩大的趋势，保持在四到五岁之间。这并非父母有意为之，而是别无选择。他们必须同这些"小嫉妒鬼们"和平共处，并在孩子们的吵闹和哭叫声中说服自己相信，嫉妒心理是孩子正常发育的一部分，为孩子提供了超越自己，不断进步从而完成自我塑造的绝妙良机。否定嫉妒心理无疑将增强其作用力，以至于有时会将其转化成一种致病心态，导致种种睡眠障碍或性格障碍的产生。对嫉妒言行的打击或压抑也只会造成儿童精神科医生或心理医生的诊室里人满为患的景象。因为这个妒忌心重的孩子确信，如果父母无法忍受自己的嫉妒情绪的话，那是因为他们更偏爱"另一个"。

汤姆六岁了，他有一个三岁的妹妹。兄妹俩的性格迥然不同，汤姆是个内向的小男孩。每当他与我目光交汇时，便立刻低垂双眼，规规矩矩地坐在我的对面，乖巧地回答我提出的问题。而多数时候，他的答案只是"是"或"不是"两个简单的词语。

相反，妹妹诺埃米则和大家相处得自在融洽。她对一切充满好奇，不断环视四周，小屁股总是不能安分地坐在椅子上。她一边动作优雅地掌控全场，一边抛出问题主导对话全局。当我告诉她，她具备一种能吸引所有目光的卓越才能时，这个"小磨人精"不假思索地说我是"大骗子"。仅仅几秒钟，她俨然成为全场的焦点，而将真正前来治疗的哥哥晾在了一旁。

当看到汤姆几乎完全没有张口说话的机会，为了能让他畅所欲言，我只得强行将小姑娘请出了办公室，几乎强制性地让她在候诊大厅与外婆待在一起。没花多少时间我就明白了汤姆"地狱般"的生活，他甚至表达出某种被妹妹"生吞活剥"的担忧！他急需帮助，更无须说这样的恐惧会随着时间的推移而愈演愈烈。等妹妹到了结交小伙伴的年纪后，她将会集结自己的朋友们一起对哥哥进行嘲笑愚弄。那时，汤姆病态的胆小怯懦可能会发展成阻碍其成长的生理缺陷而毁了他的未来。

汤姆遭遇的种种困境从他上小学后便开始了。由于还没有做好独立的准备，他忍受不了因上学而被迫与家人分离，更何况每天待在家里的妹妹其实早在他之前就已经适应了"个体化－分离"阶段，这令汤姆感到更加痛苦。对妹妹来说，妈妈的整日陪伴不再那么必要了，而这恰恰是汤姆梦寐以求的。

困扰汤姆的症结源于其心智发育尚不成熟，而妹妹正是触发因子。汤姆的困扰并非因为诺埃米的性格所致，而是来自自身羞涩内向的个性。他的故事自然引起我们思考这样一个问题：是什么因素促使父母决定再要一个孩子呢？是由于他们与第一个孩子在亲子关系里的诸多障碍，才希望再生一个的吗？是否出于一种希望修补亲子关系的愿望呢？他们是否幻想汤姆是一个更加外向，与人相处更加自在的孩子呢？

汤姆就是汤姆。父母什么也改变不了！作为父母，首先要自我调整，去接纳那个与自己期待中不同的孩子。

最佳年龄差距

在一个家庭中，孩子间最理想的年龄差距是六到七岁。度过"俄狄浦斯情结"阶段之后的孩子更加坚定地将父母的角色设定为自身身份认同的对象,挑衅好斗的情感冲动被柔情与温存所取代。此外,六七岁的孩子拥有了这段建立起专属于自己的家庭记忆的时间。或许他有时会因母亲陪伴时间的减少而略感难过,但却能满心欢喜地想起和父母一起拥有的睡前讲故事的时光,或全家第一次在海边度假时一起捉螃蟹的美好回忆。六到八岁的年龄差距可以使第一个孩子充分享受独生子女的体验,也凭借这段成长时光发展出独立自主的能力;当弟弟或妹妹降生后,老大则更多地享受独立的乐趣,能从家庭范围之外的朋友圈中获得快乐。

在这样的情况下,孩子间对于争夺父母疼爱的战争会削弱不少,因为老大对于父母陪伴的需求日渐降低。当同一家庭中子女间的年龄差距更大时,这项原则就表现得更为突出。手足关系将仅占据一席微弱的地位,兄弟姐妹间罕有交流与互动。姐姐有时会扮演母亲的角色,几乎取代了真正的母亲而成为弟弟妹妹们的第二个"妈妈",为日后承担起"母亲的角色"做着准备;至于男孩子们,更多情况下,则饶有兴趣地从旁观察。然而,不管哥哥姐姐持何种态度,青春期的那些事与弟弟妹妹的相处相比要重要得多。

事实上,对于青春期的孩子来说,想到父母之间还有性行为,尤其当自己初尝性体验,着实是个不小的冲击。一天,我曾接诊过一个即将当哥哥的青春期少年。他暗自寻思着难道母亲是忘记服用避孕药了,或者父母在没有采取保护措施的情况下发生了性关系。而无论父亲还是母亲都会在他与女朋友出门约会时不厌其烦地提醒他这些基本的预防措施。

为嫉妒唱首赞歌

嫉妒另一个人，羡慕其美貌、机敏、才华和爱情中的春风得意……这是再正常不过了。嫉妒将自恋形象和自我形象粘合起来。借由它，我们每个人实现了自我塑造；正因为自我永远不是他人，正因为自我需要存在于他人身旁，因此嫉妒不断挑逗和刺激着每个人去追寻自我；嫉妒是一切竞争的核心动力：一个对他人的成功心存嫉妒的人期望与之抗衡，甚至取而代之。在他眼中，自己的所作所为意味着变得更为优秀，成为人中之杰！

兄弟或姐妹在生活中扮演的角色远远超过一个争夺母爱的对手，他们在彼此的人格塑造中起到了重要作用。他人的存在使每个个体通过寻找彼此间的相似或差异更加准确地完成自我定位。家庭中每诞生一个新生命都会重燃孩子们之间的种种竞争和对抗，导致家庭局面的改变。当第三个宝宝出生，原本的老幺就会成为老二。这一次，轮到这个孩子需要面对与另一个比自己更小的孩子展开竞争的局面；老大呢，则沮丧落寞，意识到自己必须又一次忍耐另一个小不点的"恣意任性"，意识到父母留给自己的时间会变得更少。

"入侵者"，无论其排行居于何位，都将破坏原有家庭成员的位置关系而获得一席之地，也将迫使他们与自己达成另一种形式的分享关系，尤其是对父母疼爱的分享。为了实现共同的家庭生活，每个家庭成员就不得不或多或少地接受某些改变与调整：分享同一间卧室、排队使用浴室、在学习或体育运动上争取优异表现等。

年纪较小的孩子首先是个麻烦制造者，正因为他（她）的存在，老大初识心灵的创伤，使自己不得不改变作为独生子女一直以来与母亲唯一的亲子关系，开始对曾体验过的"小皇帝"的绝对权力产生怀疑，也具象地还原了那一幕"原始情景"，即生命孕育之初的情爱交融的场面。新生命的出生会令老大重新燃起种种对亲子关系的疑问，抛出对性的最初提问：这些小宝宝们从何而来？当父母关在卧室里的时候，他们在做什么呢？

尽管如此，只认为老大会产生嫉妒心理的观点略失偏颇。年纪较小的孩子也会常常羡慕哥哥姐姐因年纪的优势而获得的种种特权：他们是游戏中的常胜将军，奔跑的速度更快，圣诞节可以获得一辆酷炫的自行车，或者得到父母准许可以和伙伴们出门玩耍……

嫉妒反应的激烈程度极大地取决于孩子的智力水平、对沮丧失落的忍耐程度，以及他们各自与父母之间的亲子关系。这就解释了，如果说嫉妒是人之常情的话，那么它完全可以因个例不同或被包容接受，或导致极端后果。比如，另一个孩子的降生可以使老大与爸爸或妈妈间尚未爆发或未得到真正解决的亲子关系问题显露出来。在这种情况下，老大做出的种种挑衅好斗的言行被父母视为是"恶言恶行"而需要加以惩罚修正，但这只会导致家庭中的所有关系恶化下去。

其实，正常的嫉妒绝非等同于恶毒。当看到两个孩子争吵或打闹就认为他们不爱对方的观点是大错特错。心怀嫉妒的孩子始终处于一种既爱又恨的双重矛盾情感之中，深感痛苦且常常由此产生罪恶感。那么他们的种种症状便是自身对抗过激型情感冲动而产生的防御机制的体现，同时也是一种困扰和罪恶感的表达。

某些孩子将攻击性行为转向自身：骂骂咧咧、抱怨肚子疼或头疼、做噩梦等；另一些孩子则压抑所有的过激情绪，自我封闭，发育完全受到抑制，对包括学校活动在内的任何事物兴趣索然。因为害怕惹父母不高兴，他们会完全迁就弟弟或妹妹。然而，在身体防御机制的作用下，挑衅好斗的过激情绪会发生自我转变。老大会为弟弟妹妹的幸福而忧虑，用过分的关注使年纪较小的孩子们感到窒息，雨点般的亲吻和无数恼人的抚摸惹得小孩子们放声大哭。

通常情况下，如果父母没有在教育问题上犯过多错误，比如训斥、责罚或做出明显不公平的评判，那么几个星期或几个月之后，孩子挑衅好斗的行为会得到显著改善。老大和老二也会以平和的方式进行一次又一次数不清的竞争和比赛。许多行为一旦发生就会引来无止境的模仿：一个孩子拿了件东西，另一个就马上去抢过来；一个孩子坐在妈妈的腿上，另一个就立刻靠了过去。在日常生活中，这些你追我赶的游戏如此频繁，父母们都不以为然了。

小孩子们享受着相互追逐的游戏，看谁跳得更高、更远，看谁出的洋相最大；大孩子们则在各种竞技运动中展开较量，在学业上你追我赶。这样的飞跃体现了一种心理成熟和对承受失望情绪的良好能力。六岁以上的孩子会根据自己对父母形象的自我认同，将过激的情感冲动转化为或温柔或严肃的表现。他（她）意识到自己肩负着一种向弟弟妹妹传递信息的责任，甚至扮演起他们的小老师。此外，老大甚至会在父母对弟弟妹妹没有表现得如预期般严厉时责怪他们，或向父母指出他们没有正确地承担起教育子女的任务。

我们每个人都幻想着成为独一无二的存在，成为对他人乃至世界来说唯一的存在。然而，当我们带着与生俱来的脆弱，与他人共同生活时，放弃这个念头是困难的，但又是必须的。

2

老大老幺，各有各好

无论出生排行如何，嫉妒是手足关系中的每个人都会经历的一种情感。然而，由于年龄不同，其嫉妒情绪产生的根本原因也不相同。老大嫉妒父母对弟弟妹妹的温柔关注；另一边，老幺嫉妒哥哥姐姐在自己尚未出生之前的种种经历；排行中间的孩子则陷入疑问，为什么身边既有一个比自己大的"指挥官"，又有一个"集万千宠爱于一身"的小不点呢？

谁输？谁赢？

克里斯托夫十二岁，罗曼八岁。兄弟俩常常互相挑衅，打得不可开交。他们之间的对立远非手足竞争那么简单，甚至可以说是一种仇恨。对此情形，父母已完全束手无策。

克里斯托夫和罗曼各自度过了完全不同的童年生活。哥哥由父母抚养长大，因为各自工作的关系，他们只能轮流照顾孩子；由于不想再经历一次这样令人心力交瘁的日子，夫妻俩便决定将小儿子托付给爷爷奶奶照顾。

引发兄弟俩之间争执的起因总是似曾相识。罗曼经常向哥哥问这问那，希望哥哥给他解释那些自己所不知道的事情；而克里斯托夫总是千篇一律地应付他说："你还小，你不需要知道那些我知道的事情。"圣诞节时，克里斯托夫收到了一份他并不喜欢的圣诞礼物，一款电子游戏，因为他不久前的生日礼物就是该游戏的最新款，哥哥便将它送给了弟弟。可是，酷爱竞技游戏的克里斯托夫还是经常向弟弟借这个游戏来玩。罗曼虽然同意借给哥哥，但前提条件是哥哥要教自己怎么玩。克里斯托夫果断地拒绝了……争斗在所难免。事实上，克里斯托夫拒绝扮演作为兄长的教育者一角，而这激怒了弟弟。弟弟决定反击，即使父母介入，也决不妥协。

令人好奇的是，当我分别向两兄弟询问他们是否更愿意成为家里的独生子时，两人都给出了否定回答：克里斯托夫拒绝的原因是两人在一起度过的快乐时光；而罗曼仅仅因为如果没有了哥哥，就没有人可以给他解释那些自己不知道的事情了。

我要求克里斯托夫和罗曼各自养成写"吵架日记"的习惯。这样一来，我们大家每两个月就来一起检视一番，并尝试解决这些分歧。至于儿童心理学家们能否胜任斡旋调解员的角色，就请大家拭目以待了……

老大、老幺，究竟谁更占优势？在手足关系中，谁占据了最惬意、最舒服的位置呢？只要一谈及家庭，这便是个老生常谈的问题。然而，我认为以年纪论资排辈已经不再流行。其实，无论在孩子的成长中，还是在其与父母的关系中，抑或是在其未来的自我塑造中，起决定作用的因素并非排行，而是孩子的性格，以及对新环境的适应能力。孩子之间手足关系的建立并不完全依照他们的年纪大小，而以一种更为微妙的方式逐渐形成。

依我看来，今天的父母们在孩子的教育问题上已经取得了显著的进步，横在老大和老幺之间的种种划分标准已经消失。然而，一个醒目的事实继续存在，引起了我这样的儿童心理学家的关注。那就是，父母在养育第一个孩子的过程中学习成长，从而更易与第二个孩子相处融洽。从某种程度上说，老大"激活"了他们为人父母的素质和能力。今天的父母们掌握着一定程度的心理学知识，能够在教育第二个孩子时纠正先前自己在老大的教育问题上犯下的错误。比如，如果老大存在睡眠问题，那么夫妻俩会在其弟弟或妹妹身上投以更加恰当的照顾与关注，以防相似症状的出现。从这一角度看，老幺比起老大来说的确得到了更好的照顾与抚养。

同理，在教育问题上，老三会比老二更占优势，老四则又比老三获得更多……我就不再赘述了，因为多子女家庭如今已少之又少。在大部分发达国家中，家庭模式围绕两个孩子展开：老大与老二。

夹在老大与老幺之间

在兄弟姐妹中，不管每个孩子的年纪多大，每一个新生命的降临总会扰乱其他孩子原有的种种特权，并使每个孩子的既得利益发生重新分配。弟弟或妹妹的诞生几乎总是伴随着家庭运作的重组：老大到了上学的年龄，父亲更多地承担起孩子的抚养责任，孩子对母亲的依赖程度逐渐减少，老大也更经常出入爷爷奶奶家。在心理方面，大孩子们需要接受最小的孩子拥有的理想化形象，那么，排行中间的孩子就自觉处于一种非常不舒服的境地：一方面他要与老幺展开直接竞争；另一方面要承受来自老大的轻视，尽管老大也是自己嫉妒的对象。

十四岁的阿诺与哥哥热罗姆有严重的相处障碍，承受着一种双重煎熬：首先，热罗姆比自己高出很多；让他感到更加痛苦的是，哥哥和妈妈的长相简直是一个模子里刻出来的。阿诺和年幼的妹妹却相处得十分融洽，和外公外婆及爷爷奶奶也都很亲密。

阿诺兴高采烈地向我讲述外公往日的职业生涯，提到外公曾在商业船队和海军舰队工作及服役的出色经历。他将它们称为"商贩船"和"国家船"。他自己想成为轰炸机飞行员，特别是从航空母舰上起飞的那种，那么他将会实现全家人的梦想。

阿诺的爸爸尽职地承担着一个父亲的责任，时不时地，他会带着某个孩子或全家看场电影；而母亲似乎对阿诺并不太操心。当然，这个孩子长得不是很像自己，也没有哥哥表现得那般聪明伶俐，但其实阿诺的成绩并非糟糕到离谱。

阿诺的父母因这个孩子的某些行为而困扰。他经常将自己关在房间里，对同学愈来愈表现得言行暴力。其实，上述行为都是这个男孩在发泄自己对哥哥的嫉妒。他明白自己绝对不可能在力量上与哥哥抗衡，却又难以接受哥哥轻而易举地获得好成绩的事实。同时他为哥哥与母亲酷似的长相而困扰，此时的阿诺正处于新一轮"俄狄浦斯情结"阶段。

阿诺需要接受心理帮助来克服自己面临的障碍。治疗一开始便取得了十分明显的成效。阿诺的成绩提高了，期末取得了优异的分数。事实上，兄弟俩之间的竞争是种良性的关系，因为这促使阿诺希望在学业上与哥哥比肩。治疗结束后，这种竞争关系对阿诺的身体状况和智力发育都不会产生负面困扰。排行老二的阿诺最终成为一个能够同时和哥哥妹妹愉快而融洽地相处的孩子。

　　一般而言，排行中间的孩子总是摇摆徘徊于两种默契关系之间，而这两种关系会时不时地转变为竞争关系：一方面，他（她）自觉跟弟弟或妹妹更加亲近，为此，他（她）尝试做出种种发育倒退的行为使自己变得像个小孩子。另一方面，他（她）又希望同哥哥或姐姐建立某种默契，期望变成像他们那样的大孩子。比如，即使还不识字，他（她）也希望与哥哥姐姐一起分享那些自己还无法理解的游戏；即便一分钟也舍不得自己心爱的毛绒玩具，他（她）也要求和哥哥姐姐一样去上学。

　　我曾经在某些手足关系中看到这样的场景：老大和老二为了抢夺对老幺的主导权而发生一场真正的你争我夺。这种竞争最典型的表现就出现在有两个年龄相近的姐姐和一个弟弟的手足关系中。两个姐姐为了成为弟弟最棒的"小妈妈"而展开竞争。她们互相监督以判定谁喂奶喂得更好，谁换尿布换得更干净利落，谁在陪伴他玩耍时更受欢迎……经过多次的磨合调整，两人间达成了一种分工合作的竞争关系。一个小姐姐侧重于对弟弟进行"科学养育"，其方式类似护士那样：她热衷于给小婴儿称体重，每天记录成长曲线；另一个则承担起心理辅导的工作，试图通过游戏同弟弟建立联系，促进其成长发育。即使这个小婴儿日后或许不会记起众多"妈妈"

曾给予自己的照顾,但这两个长期以来对他总是既严格又温柔的"小妈妈"总能使他回想起往昔的片段。

个人而言,我不认为排行中间的孩子在性情上有着一种特殊的脆弱性。他(她)曾是家中年纪最小的一个,而且过着比哥哥姐姐更轻松的生活。老大才是家中承受最多风险的那一个,因为肩负着父母全部的希望和规划,甚至还承载着一个家族血脉延续的重任。

最初为人父母的经验使夫妻俩明白了这样的一个道理:孩子的成长和未来往往更加取决于自身,而非父母所能掌控。养育一个婴儿,也并非他们之前所认为的那样;夫妻俩渐渐看到,并非是父母在培养孩子,反而是孩子,通过其独一无二的性格,改造着父母。这一"教育"的过程对之后陆续诞生的孩子们来说很有好处,因为曾经雄心勃勃地对孩子要求严苛的父母会变得平缓谦卑多了,所有的重大问题都显得不那么重大了。我发现老幺往往在生活中更轻松快乐,成长也相对平静;老二则较少受到来自父母的压力,因为后者的焦点都集中在老大的学业和老幺的养育上。如此一来,当一天结束时,他(她)独坐于电视机前,却感觉不到一丝的沮丧,而此刻,爸爸正在给小婴儿洗澡,妈妈正在督促老大读书。

然而,如果第三个孩子身患残疾,情况就另当别论了。在这种情形下,父母对老幺的百般呵护与关照会激起老二的不满,由于父母要求他(她)尽快地懂事自立,他(她)反而会感到自己被强行剥夺了童年时光。这样的孩子一般从两岁起就被过早地送入幼儿园,他(她)自然不明白到底发生了什么,只想仍然待在妈妈身边。因此,易怒、坏脾气以及睡眠障碍等都是孩子表达痛苦的方式。在这种情况下，只有改善母亲与孩子间的亲子关系才是解决大多数问题的良策。

如果要我给家中有"残疾"孩子的父母提一个建议的话，那么就是不管这个孩子排行第几，都要尝试着使其尽可能独立起来，并提供一些用来完成"个体化－分离"阶段的时间。父母应该毫不犹豫地将孩子送入托儿所、幼儿园或是特殊教育机构，只有这样做才能避免形成一种过度依赖的母子关系。这种关系不但耗尽大人的精力，阻碍孩子成长中可能的进步，更会在兄弟姐妹之间引起复杂的竞争与对抗。

我记得有这样一个家庭的案例。家庭中有一个身体健康的哥哥和一个患有自闭症的弟弟。父母为了腾出时间照顾弟弟，就把哥哥送进了寄宿学校。但是从此老大的脾气变得使人难以忍受。只要他身边有伸手能及之物，都会被他摔个粉碎。寄宿学校因此不愿再接收他。然而自从自闭症的弟弟被送入特殊教育学校后，哥哥便恢复了正常。为什么？原因很简单，因为这个正常的孩子无法理解存在于"残疾"弟弟与母亲之间的一种不正常的紧密关系。他犯下的蠢事与错事都表达着："不要总是照顾他，我也是个活生生的人啊！"

此外，如果老幺被过于理想化，排行中间的孩子也会遭遇许多重要问题的困扰。例如，当一个全是男孩子的家庭中诞生了一个小女孩，或者正相反，那么这个性别与众不同的小婴儿就成了父母，甚至祖父母目光和赞美的焦点。如果这种状况持续下去，便会建立

起 ·种令其他孩子难以接受的偏爱关系。简言之，为了使每个孩子都能获得最大程度的快乐，我总是建议父母时不时地将新生儿托付给祖父母，或亲近的女性朋友照顾。那么在这段自由时间里，父母就可以同其他孩子一起进行一些更适合他们性别的娱乐活动。

曾经唯一的孩子

长子或长女，因其在弟弟妹妹出生前的独特成长经历，始终在家庭中占据着最特殊的地位。对于所有家庭成员而言，他（她）是建构起家庭的基石，是夫妻血脉的延续。作为曾经的独生子女，他（她）与家庭中的成年人更为亲密，因为他们曾一起玩耍和探险；他（她）往往也在家族历史中占据相当重要的地位。例如，他（她）在爷爷花园的小径中迈开人生最初几步的时刻成了整个家庭铭记的重要回忆，而轮到弟弟蹒跚学步时，这一"成就"就不值一提了。

尤其是他（她）还有着当"老大"的优势：弟弟妹妹的各种比较都以老大为参考对象而展开。正因为在年龄上的优势，当其他孩子还在自我认知中摸索时，老大更早地找到其身份认同的榜样：男孩子对父亲充满了崇敬，女孩子则欣喜地模仿妈妈。其"老大"的身份也赋予了他（她）一项家庭责任：在父母的授权下对弟弟妹妹行使某种权威。因此，老大往往成为弟弟妹妹的"守护天使"，保护他们的安全，并在某个特定的时间段内代替行使"父母"的角色。对此，有些孩子欣然接受，有些则面临困境。在与弟弟妹妹的相处中，老大反复试练着自己日后成为成年人时将采取的处事态度；从他（她）的行为举止中，人们甚至可以推测他（她）日后会成为一名怎样的伴侣，会在社会和自己的家庭中占据怎样的地位。

　　走进我办公室的是一个轻松自如的小男孩。可这个叫邦雅曼的孩子却时常"崩溃"：他打开一扇窗，然后开始尖叫；他会在上课的时候突然喊叫起来。然而，正在上二年级的邦雅曼学习成绩却不错，是班里的第一名。姐姐卡米耶和他在同一所学校学习，上五年级。他们的父亲因忙于工作而常常缺席，将孩子们的教育全部交由妻子负责。妻子在处理家庭事务时说一不二，而姐姐卡米耶完美地"复制"了母亲的行事风格，对弟弟颐指气使；她甚至会故意编造出一些小错误，嫁祸给弟弟。

　　种种不公平的对待使邦雅曼内心怒火难平。不久后，当姐姐还没来得及数落完弟弟的种种"罪状"，邦雅曼就已尖声喊叫起来。如此一来，他找到了让她闭嘴的方法，就是用自己的尖叫声来掩盖她的话。邦雅曼的叫声甚至引来了邻居们的不满，他们拍打隔墙以示抗议。

　　事实上，即使邦雅曼的行为对他的家庭和周边邻居造成困扰，但我还是觉得他反击得不错。为了帮助他控制冲动情绪，心理治疗对他来说是必不可少的。

　　几个月后，当我再次见到邦雅曼时，他对自己的心理治疗师很是满意。他悄悄告诉我，他最欣赏的就是"她（心理治疗师）不像我姐姐那样什么事情都向妈妈打小报告。"

　　如果我还要给父母一个建议的话，那就是让老大像同年龄段的其他孩子那样去生活，而不要拔苗助长。有时，应该允许他做个小孩子，这是避免日后矛盾冲突的最佳预防措施。他有权感到害怕和疲惫，有权相信圣诞老人的存在，也有权在不舒服时伤心流泪。父母经常对他说："你是大孩子了。"这完全是出于父母利益的考虑，其实孩子早已深谙父母的这些小把戏了。

老大还是敏锐的观察家和惊人的会计。他悉心计算着父母根本不曾注意的那些给予"小毛头"的亲吻与爱抚。不管年纪多大，父母都应该让老大感到自己得到了父母的疼爱。如果缺少这种安全感，那么一种难以根除的嫉妒心理有可能扰乱整个家庭关系。

除此之外，千万不要将老大置于"小爸爸"或"小妈妈"的位置上，也不要让他充当父母和弟弟妹妹之间的传话筒。他会感到被赋予了一项太过沉重的责任，这责任有时是他孩童的肩膀无力负担的。例如，监督弟弟妹妹的作业，像个教练员一样陪他们参加课外运动班的第一次训练，这些都不是他的角色所要做的事情。只需看看老大在完成这类任务时那不情愿的样子，就可以理解孩子多么渴望简单、平静地过自己那个年龄的孩子应该享受的生活。

"乖乖听话""按时睡觉""不要推搡弟弟妹妹"，尽管有时这些"顽皮精"的确值得一顿教训……时刻起模范带头作用已让人不得片刻宁静，如果始终如此，将多么叫人难受。老大的沮丧情绪往往使弟弟妹妹成为第一受害者。

在手足关系中，老大是维系家族记忆的纽带，起着至关重要的作用。对其他孩子来说，长兄长姐为他们开启了一扇时光的大门，引领他们了解昔日发生的故事，了解那些他们未曾亲身经历却又与他们息息相关的家族往事。比如，老大认识的一位长辈，弟弟妹妹们却只能通过照片对其略知一二；在其他孩子尚未出生就已搬离的旧时居所；曾经养过的小狗或小猫等。老大不但可以向弟弟妹妹讲述那些他们不曾参与的童年经历，还可以帮助他们唤起各自记忆中早已遗忘的某些生活片段。他（她）亲眼见证了弟弟妹妹的每一个进步；看着他们蹒跚地迈出第一步，听到他们的牙牙学语；当父母离世，老大的角色就显得更为重要，他（她）了解每一张照片、每一幅画、每一件物品所见证的故事；通过口述家史，他（她）重新唤起兄弟姐妹们对一段遥远时光的回忆。不知不觉地，他（她）像普鲁斯特那样追忆着逝去的时光。

当家庭遭遇重大变故，如父母离异或死亡时，老大通常会意识到其长兄或长姐地位的提升或转变。尤其当老大临近成年，那么他（她）显然被赋予了取代逝去的父母的职责。因此，当第一次世界大战血洗整个欧洲后，为数众多的一批男孩子被剥夺了少年时代，扛起家庭的重任。对于长姐而言，当弟弟妹妹年纪尚小时，她们经常扮演"母亲"，有时她们甚至会承担双重角色，既是协助母亲照顾年幼孩子的"小妈妈"，还是因父亲的缺失而弥补其权威的"代理小爸爸"。

在一个家庭中，当父母不能胜任自己的角色时，老大便成了弟弟妹妹的最大依靠，可以改变父母在他们心中的形象。他（她）被弟弟妹妹们视为完美的化身，掩饰父母造成的不良后果，弥补父母的能力缺陷。这也就是为什么许多孩子对其长兄长姐的感情更表现出一种如父如母般的依赖。这种"取代"现象在父母分开后更为明显：姐姐取代了抛家弃子的母亲的角色，承担起抚养弟弟妹妹的责任；哥哥则占据了父亲的位置，为无依无靠的弟弟妹妹提供构建心理认同的重要参照。

当父母分开后，孩子们往往并不认为他们也应该彼此分离；永远不会出现某个孩子选择跟母亲生活，而另一个孩子决定跟随父亲离开的情况。没有任何一个手足关系会具有如此崇高的自我牺牲意识。孩子们希望待在一起，并且想同与他们相处更为融洽的父母一方，或者更需要保护的一方一起生活。面对离异所带来的情感危机，在哥哥或姐姐的带领下，孩子们凝聚成一个集体。老大通过对弟弟妹妹们施加心理压力，使他们同自己站在一条战线上。因此，当年纪最小的孩子说出："我们不想看见爸爸（妈妈），因为我们不喜欢他（她）"时，其实只是复述了哥哥姐姐不断向他们灌输的话语："我不再爱他（她）了，因为他（她）走了，所以你们也不要再爱他（她）了。"

即使我常常遇到因父母离异而造成手足分离的情况，但这绝非出自孩子们的意思。父母替他们做了决定，并说服他们相信这是最佳方案。大多数孩子都会因此受到一种双重分离的困扰，即与父母一方的分离和与兄弟姐妹的分离。

在新移民家庭中，老大所扮演的角色更为重要。特别是当老大为女孩子时，姐姐在家中占据关键位置，扮演着类似父母的角色：她保护并教导弟弟妹妹，这也是她日后为人妻所承担的职责。在某些社会阶层中，我们发现长兄会先于父母而成为弟弟妹妹进行身份认同的对象，父母则因其社会经济地位上的劣势而不具备相应能力。他们或失业，或谋些极其辛苦的营生，在所生活的国家吃力地操着该国的语言，在家庭内部亦不能建立起权威。在这样的移民家庭中，我们不难看到身为哥哥或姐姐的孩子往往梦想着尽可能地融入社会环境，并极力帮助与社会脱节的弟弟妹妹，因为恰恰是年纪处于青春叛逆期的孩子会削弱整个家庭融入新社会的可能。

要充分行使老大的角色，还需要得到弟弟妹妹的认同。

西里尔十七岁，大卫和樊尚是一对十六岁的异卵双胞胎兄弟，最小的安托万刚刚度过了自己十四岁的生日。在家里，大人们称这群男孩子为"大傻蛋道尔顿四兄弟[①]"。这个绰号对他们来说再合适不过了，因为不管是单独还是群体行动，这帮男孩子总是洋相不断。在他们小时候，这个小团体就依各自的脾气秉性两两组合：一边是西里尔和樊尚，另一边是大卫和安托万。随着他们逐渐长大，兄弟间的关系也在悄然改变着。西里尔独来独往，难以忍受同弟弟们共同生活；双胞胎则可以说是握手言和，结束了以前无休止的争吵；安托万还像个小孩子一样，一方面依恋着妈妈的裙摆不肯撒手，另一方面又十分羡慕哥哥们的独立自主。

不言而喻，母亲已经彻底被这四个处于青春期的少年折腾得精疲力竭，更别提他们那对此局面无能为力的父亲了。面对这一情况，父亲选择两手一摊与之保持距离，其中包括字面意义上的地理距离。

西里尔是个认真严肃的好学生，这点与他的几个弟弟完全不同。

---

① "大傻蛋道尔顿四兄弟"是法国经典动画片《幸运的路克》（Lucky Luck）中的角色，以愚蠢，常常出洋相的人物形象而著称。——译者注

然而，他对他们并没有发挥任何大哥的影响力。是因为他对此并无兴趣吗？"不是的，"他答道，"他们与我如此不同，这点已经足够可笑了。但问题在于他们并不把我当作哥哥，我们彼此太接近了。"

事实上，这个案例中的手足关系更像是多胞胎家庭（如三胞胎，四胞胎等）中的手足相处模式。在这样的家庭中，出生排行几乎失去了意义。尤其当兄弟姐妹之间年龄差距较小，或因遗传因素而具有颇为相似的外形使人们很难一眼辨认他们时，年龄的作用更加微乎其微。这些孩子一方面由于每天的朝夕相处而如多胞胎般关系紧密，另一方面每个人却有着不同的心理成长轨迹。父母自然知道孩子有大有小，并对他们实行不同的教育方式，然而正是这种做法自然地激起孩子间的种种对立与竞争。尤其当孩子的身高和力量与年纪不相称时，这些竞争行为则表现得更为令人寻味：对哥哥来说，被弟弟高出几厘米，或在肢体冲撞中败下阵来，绝对不是件好受的事情。

长大成人的协调员与密友

随着时间的流逝，长子在家中的地位愈发重要。当他成年后，便成为家族族谱上重中之重的一个环节。他是面镜子，反射出对已故祖父母和父母的记忆。毋庸置疑，通常他也将是继父母之后手足中第一个离开人世的孩子。

除此之外，长子往往继承了维系家族传统的责任：组织圣诞家庭聚会，给弟弟妹妹发送生日和节日祝福等。如果从孩提时代起，当父母将哥哥的重任托付于他，并且他顺意接受的话，那么在成年后，他也会一如既往地扮演这一对其一生都会产生积极影响的角色。如果他在日渐衰老的漫长人生中都称职地履行着这一职责，那便证明了他曾经历了一段关系融洽的手足关系。

对于姐姐们，我需要特别说几句。她们如同所有的女性一样，拥有令人不可思议的维系家族传统的能力。而"家"对于女性来说也有着特殊的含义。哥哥所能给予的往往只有明智的建议，而姐姐则会留存记忆，为家人们烹煮家族传统菜肴。很显然，似乎有着一条记忆的纽带在家族女性中世代相传。姐姐长久地珍藏着一些曾属于母亲或外婆的物件，如一条披肩，一个用旧的提包，一本菜谱笔记等；哥哥则更倾向于保留父亲的手表和马鞍，爷爷的鱼竿，或有幸流传下来的家族族谱。从中，我们可以清楚地看到差别：男性留存着展现家族荣誉的座座"丰碑"，女性则首先保留象征家族血脉绵延的诸多痕迹。

"步步紧盯"

老幺几乎总是或隐晦或明显地对哥哥表达着崇拜之情。当他的观察越细致，就越自然地将其视为自我认同的对象。跟独生子女相比，老幺们有着一个巨大的优势：他们拥有一个构建各自未来的重要参照。

九岁的热尔曼来自一个跨国婚姻家庭。爸爸是法国人，妈妈是丹麦人。他在学校里的日子过得很艰难。虽然聪明伶俐且积极主动，但他总是无法专心学习。母亲对此十分担心：儿子的障碍是不是由于过早地在家里学习丹麦语而导致的呢？这种双语环境对成长是否产生了干扰呢？

然而，真相在别处：小热尔曼感受到来自异常优秀的哥哥的威胁。哥哥是冲浪比赛中的常胜将军，在学业上也一帆风顺，各门功课都出类拔萃。父母以他为傲，经常陪他参加各种比赛。

看着这个小男孩，我想：要怎样当一个冲浪、网球或足球冠军的弟弟呢？困扰热尔曼的问题非常简单：有这样一位哥哥，自己是否还有必要做个好学生呢？如同全家人一样，他也深深折服于哥哥那如同小说情节般的生活经历。

在构建身份认同的过程中，我经常看到一些令人震惊的现象。例如，弟弟将患病的哥哥视作身份认同的参考。而在性别相同或年纪相仿的两个孩子中，这种情况则更为频繁。

"克洛伊，阿黛尔，早上好！你们是双胞胎吗？"父母十分惊讶地看着我说："不，医生，她俩差了将近一岁半呢。"

其实这样的年龄差距几乎可以忽略不计，孩子间相处也常常同双胞胎无异。孪生关系可以成为一种成长过程中的优势：两个孩子承担着相同的任务，分享着共同的记忆。然而她们这样的情况则使两个孩子的关系过于紧密，从而产生诸多困惑。这是个危险的陷阱，我也曾跌落其中。

她俩一个读一年级，另一个读三年级，这意味着她们在学业上存在着与年龄差距不成比例的隔阂。这首先归因于姐姐过早地入学。原因很简单，一个孩子出生于十二月，而另一个出生于一月，那么在学制上就相差了整整一学年。

两姐妹来我诊室的原因是两人都有尿床的行为。心细的父母曾试图通过一种比较有效的顺势疗法，辅之以画画和奖励手段来改善姐妹俩尿床的毛病。但妹妹认为自己在上"画画课"，而姐姐则将其视为一项"奖励治疗"。

在接下来的接触交流中，另一个问题显现出来：姐妹俩告诉我，她们都害怕黑夜，想要些光亮使自己不那么恐惧。父母向我解释道，在这个问题上两人都有自己的小怪癖：姐姐欣然接受父母为自己打开床边的一盏小夜灯，妹妹则要求自己打开夜灯开关。据她说，如果不这么做的话，她仍然会害怕黑暗。此外，每一次妹妹都郑重声明，自己不愿意被"命令"！

在反抗父母的同时，妹妹也在间接地表现出同姐姐的竞争关系。其实，如果她接受父母这一权威性的做法，就意味着和姐姐的表现一致了。在她看来，这是不可能接受的，因为她是家里最小的孩子。

我向父母建议让两个孩子在两位心理治疗师的帮助下分别接受治疗，以观察每个人的进展状况。两个孩子的治疗反馈是惊人的：很快地，在接受了两期心理治疗后，妹妹就让父母帮自己打开小夜灯；姐姐则郑重宣布："我是最大的孩子，所以我要自己开小夜灯。"

在我看来，目前实施的心理治疗正发挥着作用。孩子们的尿床问题也将会很快得到解决，因一切的根源在于姐妹间的竞争。事实上，姐姐克洛伊的尿床随着她身体机能发育的完善，建立起良好的括约肌反射后，就自然消失了；至于妹妹，她的尿床只不过是出于对姐姐的嫉妒，仿佛被姐姐传染了一样。

有一个哥哥或姐姐，就意味着有一个为自己"量身定做"的身份认同参照；而独生子女的身边只有一群成年人——他的父母。哥哥或姐姐对弟弟妹妹而言，总是或多或少地扮演着"小爸爸"或"小妈妈"的角色，尤其当他们之间的年龄差距较大时，这种现象更为普遍。而这个哥哥或姐姐也被赋予了一个最为完美的理想化形象。

五岁的伯努瓦是个讨人喜欢且自主性强的孩子。他很聪明，却总是缺少自信。比如，他总是担心自己是否能够完成老师让他做的事情。他与十六岁的哥哥相处得十分融洽。

伯努瓦出现在我的诊所，是因为他"如疯狗"般与班上一个比自己小一岁的同学发生肢体冲撞。对于自己的行为，他只给出了一个解释："他不是我哥哥。"伯努瓦的父母曾努力试着给他讲道理，使他明白自己的暴力行为，但收效甚微。他们对孩子的行为感到十分担忧。

在诊疗中，他的父亲悄悄告诉我伯努瓦经常思考的一个问题："为什么我不是第一个出生的呢？"孩子的遗憾给我的诊断指明了方向：伯努瓦将哥哥置于近乎完美的位置。由于他们的年龄差距，他没有任何机会与哥哥比肩，也自发地表现出行为倒退现象，在家里像个小宝宝一般。但是在课堂上，那就另当别论了：那个挨打的同学就像是被伯努瓦充当出气筒的小弟弟。伯努瓦对同学的粗暴源于自己在年纪上的绝对优势，他知道自己不是小弟弟。此外，伯努瓦似乎还因为外婆的过世而痛苦。这痛苦并非因为外婆对他来说是至爱亲人，其实他从未见过自己的外婆，而是因为哥哥向他讲述的在外婆家度假时的快乐记忆令伯努瓦嫉妒不已。

兄弟姐妹间的关系会随着时间而逐渐加深，甚至在父母离世后变得异常紧密。当"兄长""父母"等不同的身份认同交织其中，手足关系也呈现出不同的样貌。在这些身份中，那些最普遍的会变得越加牢固，另一些不被接受的则逐渐模糊消失。我认为弟弟妹妹在哥哥姐姐身上投射关于父亲或母亲形象的心理机制是极其复杂的。

请您想象一下，一个小女孩生活在远离父亲和哥哥等男性角色的家庭环境中，那么对她来说，男性的特征就是冷淡和冷漠；另一个小女孩虽然也有一个远离自己的父亲，但同嫉妒心强、甚至有暴力倾向的哥哥住在一起。与我们的普遍认知不同，这样的情形反而能够帮助她同家中的男性建立起具有建设性的沟通方式。因此，这种乍一看颇为负面的家庭关系反倒具有某些积极的效果。

老大老幺，各有性格

法国大革命、《人权宣言》以及《拿破仑法典》已经深刻地颠覆了老幺们的生活。在这些条文典籍还未理论性地确立长幼平等的权利之前，面对家族世袭制度，当父母过世后，年纪最小的儿子不得不离开家族，为自己的命运奋斗。

诚然，"老大""老幺"这些名词的意义在当今社会已经发生了巨大的变化，但时至今日，顶着这些头衔的孩子们仍然必须每天生活在一起。即使他们拥有同样的父母，分享相同的遗传基因，但每个人都表现出自己的性格，也无须有相同的思维习惯，对一切持一样的观点。每个人的成长都遵循自己的节奏：有些孩子会遭遇挫折，另一些则不然。

十五岁的黛博拉在三姐妹中排行老二。她给人的第一印象是个情绪低落的孩子。在同她的单独交流中，她对我说自己害怕一切事物，抱怨差劲的姐妹关系，讨厌姐妹们总是嘲笑自己。为了理解黛博拉的苦恼，我必须要知晓她的童年经历。

从很小的时候起，黛博拉就和姐姐住同一个房间，接着她又和妹妹一起睡觉。然而姐妹的陪伴都无法慰藉她的不安。每个夜晚，黛博拉都会不停拍打那面隔着自己和父母卧室的墙壁，以此确认母亲的存在。因此，黛博拉长期表现出"个体化－分离"障碍，无法适应与母亲的分开。母亲认为可以通过另外两个女儿的轮流陪伴改善黛博拉的分离焦虑。可结果是，兄弟姐妹显然无法胜任这一职责。由于大女儿和小女儿都没有出现相同的行为反应，因此黛博拉的母亲不明白造成二女儿焦虑痛苦的根源，只是轻描淡写地说："我不需要去查看情况，因为我早就知道是谁在拍打墙壁。"

如今，黛博拉渴望自立，却无法从心理上放下对母亲的依恋。她承受着一种双重的困扰：一方面因自己不能像其他姐妹一样成为一个独立的大姑娘而自责；另一方面，一旦自己独处时，又产生一种被遗弃或自我迷失的感觉。她的困扰伴随着一种抑郁倾向日渐显露，需要后续的治疗干预。

通常而言，在弟弟或妹妹出生后，老大在几周的时间里经历了内心的起伏波动。此后，他（她）划定自己的势力范围，协调一切来守护自己的"领土"、捍卫自己的"主权"。由于年龄上的优势，老大至少在一段时期内在体能方面占据上风，以此推行自己的"法则"。而为了反抗这种局面，不想陷入屈从地位，老幺则别无选择地走上了一条智斗的路线。

多项研究结果证明，在大多数的手足关系中，老大通常追求完美，个性保守，为达到成功不惜付出巨大努力；老幺为了谋得一席之地则往往胆大莽撞，充满反抗精神。我希望纠正某些社会学家提出的"排行决定个性塑造"的论断。社会学采取的研究方法是针对某些群体行为进行研究，进而总结出普遍行为规律；正相反，孩子和成年人的性格塑造则属于心理学范畴，其研究对象为个体行为。即使这些社会学家的名气再大，人数再多，或他们的研究团队多么权威，在生活中"自我"才是最重要的。因此，问题的关键并非知晓众多家庭的普遍运作规律，而是认清自己家庭的真实状况。

老大追求完美，具有将父亲或母亲作为身份认同对象的天然倾向；老幺则个性叛逆。上述论断过于草率简单。每一天，我接诊的诸多案例都在表明，孩子的性格养成方面不存在任何决定论。要说"叛逆的老幺"，我倒是经常遇到性格懦弱的弟弟或妹妹；那些如小婴儿般要赖哭闹的哥哥姐姐也不在少数，他们并没有任何发展成完美主义者的倾向。比如八岁的哥哥偷走了两岁弟弟的奶嘴，再比如老大破坏家里的一切东西，老幺则乖乖听父母的话。

诚然，在心理学中确实存在一些可诱发儿童产生类似行为反应的情景。然而，每个孩子都是独一无二的。我认为，手足关系中的排行仅仅是对个人性格塑造产生影响的因素之一，与其他因素一起造就了今天的我们。

一场公平的竞赛

手足关系是一方竞技场，小孩子们期望同大孩子们相抗衡，甚至超越他们，而大孩子们，则奋力守护自己的霸权地位。为了避免孩子间的你争我夺，父母就需要为他们组织一些有建设意义的竞赛。举一个具体的事例来说明吧。每个孩子画完画都会要求父母对他们作品中展现的才能做出褒奖。为了不让任何一位"小艺术家"灰心失望，父母必须分别赞美每个孩子的才能。我们都知道小孩子们往往富于诗人般的想象力，而大孩子们则在视角和构图上颇具天赋。正是这些对才能的观察促使这些"小艺术家"在他们的艺术创作领域和手足关系中萌生进步的念头。为了成为更棒的孩子，每个人都进入到一场竞赛中。

老大和老幺仿佛是一场自行车高速追逐赛中的参赛运动员。在赛道的顶端，两名竞技选手都暂时处在同一起跑线上；他们相互观望，等待着谁第一个俯冲下去。一旦一人出发，另一人即刻追出去，以之为榜样，追上他，然后在笔直的赛段超越他。手足间的竞赛就应该如同一场崇高的体育竞技一样。

父母们应该努力摒弃"排行决定性格论"中的种种固有论断："老大就应该严肃务实；老幺敏感脆弱，时常受哥哥姐姐欺负；老二则摇摆于两种性格之间。"我坚信，任何一个孩子都不应该被一种身份角色所禁锢，这会对其成长过程造成困扰。

这些标签常常令人感到尴尬，也经常与父母在其原生家庭的种种经历相关：他们将曾经作为大哥、老幺、老二或其他排行位置的经历记忆投射到自己孩子的身上。

这种行为非但不值得被提倡，父母还更应该注重每个孩子独特的性格特征，并努力帮助其发展这些宝贵的闪光点；针对每个孩子的年龄和脾气秉性开展不同的互动。我不建议父母在孩子间进行过多的比较，以防造成某些孩子的自卑情结。父母的首要任务是帮助每个孩子找到自己在家庭中的位置，接着找到在社会中的位置。我几乎天天接触到因手足间的比较而导致灾难性后果的案例，看到这种行为对孩子的心理产生的摧毁性打击，尤其在学业上表现得更为突出。因此，有些孩子的学习成绩一塌糊涂，就是为了表现自己和哥哥姐姐的不同。

马克西姆正处于一段糟糕的阶段。他偷妈妈钱包里的零钱，还把手伸向同学的书包；他甚至趁上次住在外婆家的时候，悄悄偷走了外婆的一只银质小盒子。他六年级的课业十分繁重，老师们对他蛮横无理的态度十分不满。

马克西姆是三个孩子中的老幺。哥哥和姐姐出色的学习表现给老师们留下了良好的印象，也成为老师们不断提醒马克西姆努力用功的口头禅。刚刚入学时，当发现学生名单册上印有马克西姆的姓氏时，几乎所有的老师都发出了欢迎的赞叹："啊，你原来是托马斯和米里埃尔的弟弟呀！他们是多么优秀的学生啊！……"每一次马克西姆的成绩不理想时，老师们都会这样提醒他：换作是你哥哥姐姐的话，他们肯定毫不费力地完成任务。

事实上，马克西姆做出了这样一个决定：面对优秀的哥哥姐姐，他偏偏要反其道而行之，通过一塌糊涂的学习成绩来凸显自己。这就是他为自己在手足关系中谋得一席特殊地位的方式。除此之外，当他变成一个"问题小孩"之后，就吸引了全家人的关注。他觉得，这样一来大家都会来关心自己。然而，马克西姆却陷入了自己谋划的怪圈中：由于不及哥哥姐姐那般聪明，他因此很快地对"自尊"意识产生了接受障碍，急需心理治疗。

当手足间的对立过于尖锐，或者当老师和家长的处理方式不恰当时，性格最懦弱、最敏感的那个孩子就会始终处于一种挫败感的折磨中，感到无力面对自己的未来，无法满足父母的期待。他对一切持质疑态度，尤其对自己产生怀疑。而若要坦然接受和理解他人的成功，每个人首先要做到自尊，要清楚地知道别人的成功并不会使自己失去什么，尤其不会失去父母的疼爱。

爱自己才能爱他人

在一生中，我们遇到的很多事物都与"自我形象"密切相关。某些孩子具备良好的自我形象，可以轻而易举地通过家庭、学业，甚至人生中各种困难的挑战；而另一些孩子在自我肯定上则显得脆弱，缺乏自信，这使他们变得极易受到伤害。当哥哥或姐姐成绩优异，当父母的期望过于迫切，当老师总将他们与哥哥姐姐做比较时，他们会觉得受到了打击。这些孩子渴望有人帮助他们重塑自我形象。当一个人开始怀疑自己的时候，便对一切充满了怀疑，尤其对父母的爱也产生了疑问。

其实，爱自己才能被人所爱，被兄弟姐妹所爱，被所有某天与我们擦肩而过的人们所爱，这是毋庸置疑的真理。对自己充满信心的人才能在生活中获得成功，才能感受到自己被这个世界欣然接受。只有当自己确信可以闪耀光芒的时候，我们才能在别人的眼中绽放光彩！

3

兄妹或姐弟：一场性别的较量

"瞧，这个刚出生的小宝宝没有小鸡鸡呀。""看，这个小弟弟尿尿的姿势怎么那么奇怪呀……"这些都是当小男生和小女生互相观察彼此的身体时做出的第一反应。他们还未意识到正是这一生理结构上的"小细节"奠定了性别的不同，也建立起一系列男性与女性之间不同的心理感受。

我认为，对于一个两岁半或三岁的孩子来说，当他发现家里的孩子们并非都经由同一模型"生产"出来时，这一意识构成了他性别启蒙的奠基行为之一。虽然学界批判弗洛伊德的男权意识，但这位精神分析学家将"俄狄浦斯情结"定义为一种与"阉割情结"紧密联系的儿童心理发展阶段却一点也不假。

概述来说，当小男孩们发现某些孩子并没有明显的性器官时，便产生了一种害怕丢失自己的"小鸡鸡"的恐惧感；也会害怕因自己的某种乱伦欲望而遭到阉割象征男性权威的性器官的惩罚；小女孩们则认为自己没有发育完整，缺失了某样东西，某个她们曾经拥有的东西。

小女孩有了弟弟，或小男孩有了妹妹，这对于儿童性意识的发展具有一定优势。通过对弟弟或妹妹饶有兴致地观察，孩子可以提出各种各样困扰自己的问题，不会因面对父母时表露出的天生羞耻心理而感到尴尬。男孩不需要在课间休息时偷偷掀起女孩的裙边，女孩也不必窥探男孩们上厕所，同时还要担惊受怕，恐惧自己的行为遭到幼儿园老师的责骂。

"俄狄浦斯情结"可以使孩子顺利完成对于性别认知的区分。孩子在父母及他人的教育下，愈发地使自己在身份认同中向同性别靠拢；与此同时，他（她）希望与同一性别的家长具有更多相似之处，从而取代其在配偶心中的地位，并自觉自己相比从前更趋完善。因此，小女孩总是想方设法地"诱惑"父亲，而小男孩则对母亲充满了浓浓爱意。

在前来咨询的孩子中，我发现有很大一部分孩子在手足关系中的相处障碍源自童年处理不当的"俄狄浦斯情结"，主要有两种表现类型，一种是纯粹的嫉妒，另一种是已经度过这一成长阶段的大孩子对弟弟或妹妹行为的嫉妒和不理解。站在孩子的角度，两个年纪相差一岁左右的男孩为了得到母亲的青睐而展开激烈竞争，或两个女孩为了在父亲面前争宠而各施手段，真是难以忍受啊！

然而当年纪相仿的孩子性别不同时，情况也会变得颇为复杂。事实上，"俄狄浦斯情结"并非作为一段鲜明而确定的生活经历而固定于某个特定的家长，即父亲或母亲。正因为孩子不可能只将父亲或母亲视作"情敌"，同时他们也是孩子身份认同构建的载体，因此这其中往往交织着各种情感。

如果孩子间存在几年的年龄差距时，会面临两种情况：一、手足关系中的一到两个孩子已经跨越了"俄狄浦斯情结"阶段，他们无法理解为什么那个小不点总是"黏"着爸爸或妈妈，认为这样的行为在家庭关系中显得过分且尴尬；二、哥哥因过于将父亲的形象作为自己的身份认同对象，而无法忍受小妹妹整日纠缠在父亲的左右。姐姐也会觉得总是拽着妈妈的衣裙不松手的弟弟是那样的不成熟！推搡、捏掐和拌嘴都是某种矛盾激化的显现。然而，大多数的暴力行为都遭到了父母的制止。许多孩子选择以一种间接的方式表达他们的痛苦，变得得叫人难以忍受，父母也因此成为"受害者"。这样的案例在我的诊所里屡见不鲜。

坐在我对面的是一位精疲力竭的母亲。陪同她一道前来的还有两个孩子：五岁的姐姐多萝泰和三岁半的弟弟格雷戈里。母亲独自抚养这两个孩子，她的丈夫在国外工作。面对这两个孩子，她已经濒临崩溃了：多萝泰整日纠缠着她，格雷戈里则有样学样地模仿姐姐的所有荒唐行为。多萝泰承认自己爱弟弟和妈妈，但在她的小脑瓜里住着一个"小魔头"，不断向她发号施令，让她做出种种任性和愚蠢的举动使妈妈不得安宁。

"小魔头"，这一隐喻手法首先让多萝泰改变了自己的性别，因为她并没称之为"小魔女①"；其次，这个称呼使她将自己的种种负面情感都推卸到这个可憎的假想对象身上，自己与之撇清关系。事实上，多萝泰和格雷戈里一直在母亲前互相争宠。作为弟弟，格雷戈里有姐姐当挡箭牌则显得平静许多，他自信拥有母亲的疼爱；

---

① 法语的名词具有阳性和阴性之分，"魔鬼"一词在法语中有两种形式，分别是阳性的"魔头"（diable）和阴性的"魔女"（diablesse）。——译者注

多萝泰为了解释自己的行为，则臆想出一个"小魔头"。更凑巧的是，这个小魔头和那个将自己置于困窘之地的弟弟拥有相同的性别。那么，多萝泰将自己与弟弟的竞争关系建立于"俄狄浦斯情结"的基础上：因为这并非只表现于小男孩对母亲的恋爱，它也是小女孩以母亲为身份认同对象的一种心理机制。多萝泰需要成为和妈妈一样的女人，使自己具有爱上爸爸的能力，以后也会爱上自己的未婚夫。她在母亲身上作为女人的情感投射同母亲与儿子间最为老生常谈的母子情结产生了冲突。在多萝泰看来，母亲更偏爱弟弟，这使她颇感嫉妒。她使母亲深受困扰的种种行为都是为了让远在国外的父亲能够介入其中，从而拉近父亲与自己的距离。

在我看来，这个案例恰当地展现了儿童精神分析学与成人精神分析学的本质区别。当一名成年人讲述自己受到魔鬼驱使的痛苦时，他被诊断为患有一种近乎发狂的精神病症；而魔鬼只存在于孩子们的想象之中，是他们天马行空的臆想世界中的一部分而已。这种臆想有时会持续存在于年纪较大的孩子中，使他们继续相信小魔鬼、仙女和恶龙的存在。

前不久，我接诊了一个女孩子，虽然已经上四年级了，但她仍然对恶龙的存在坚信不疑，认为它们是跟恐龙一样的生物。尽管她是个聪明可爱的小姑娘，但始终在与哥哥姐姐的相处中受到一系列复杂手足竞争的困扰，于是她臆想出这类怪兽的存在，而其原型正是哥哥和姐姐。

一个过于理想的形象

每当我遇到只有一个孩子的夫妇时，总会习惯性地询问他们是否考虑过再生一个。但我从来不需要问他们对性别的期许，因为他们几乎总是立刻告诉我希望生一个和老大性别不同的孩子。也许在潜意识中，他们幻想那些造成他们来到我办公室的亲子矛盾都不会在这个性别不同的孩子身上重演。

我认为，父母过于受到手足关系理想化形象的影响。孕育一男一女几乎成了所有夫妻的梦想。即使在今天，绝大多数夫妻还是如此认为。长子延续家族姓氏的观念至今仍然深深烙印在人们的思想中。期待立法的新举措，给予女性在家庭户籍簿中保留自己姓氏的权利，这将会改变父母对未来孩子的性别期待。

为什么父母对"儿女双全"如此执着呢？难道他们认为这样一来孩子间的争吵和打闹就会减少吗？不，他们首先想到的还是自己！他们希望体验两种截然不同的生活经历所带来的乐趣，也希望各自都能拥有和自己同性别孩子分享亲密时光的机会。被附加以如此期待的男孩或女孩其实承载了父母孩童时和成年后的诸多回忆。也正因如此，通常而言，女性想要一个女儿，男性则倾向于有个儿子：女儿的降生使母亲拥有了一个真的"布娃娃"，父亲则期待教会儿子各种体育竞技游戏。有时，维系夫妻关系的魅力与爱情也会促使他们产生相反的期待：女性希望生个儿子，或男性希望得到一个女儿，都表现了夫妻双方对伴侣的依恋与爱慕。就目前而言，这种事还是大自然说了算。但科学的进步不容忽视啊！正是出于上述

64

原因，对那些家中只有男孩或只有女孩的夫妻来说，他们不断扩大家庭成员的数量，总是在追求他们还不曾拥有的。

性别法则

绝大多数只有儿子或女儿的父母都曾满怀希望地期待一个性别不同的孩子诞生，最后还是不免为希望落空而神伤。我甚至隐隐感觉到，其实他们在第三个孩子出生后，便已经预料到自己这令人沮丧的"儿子命"或"女儿命"了。在命运的打击下，某些夫妻会有意无意地给第四个或第五个孩子取一个性别特征含糊不清的名字，如多米尼克、卡米耶、加埃雷尔、保罗（男）/波勒（女）、马塞尔（男）/玛塞勒（女）[1]等。这样的名字会在孩子的成长过程中对其性别认知的建立产生某些阻碍，尤其当父母们为心魔所困，不愿接受既定事实或固执地将孩子以非其自身性别的方式抚养长大时。几年前，我就曾遇见这样一个约莫四十岁左右的中年人，他的故事着实不同寻常。

保罗在三兄弟中排行老么。母亲希望他的降生能够维系自己的婚姻。然而保罗并没有完成自己"肩负"的使命，因为在出生几个月后，父母便分开了。保罗的母亲深信，如果这个孩子是个女孩，丈夫就不会离开自己。渐渐地，她开始把小儿子当作女孩来打扮。

---

[1] 法语人名中的某些命名同时具有阳格和阴格两种书写形式，如给男孩起名盖儿时的法文书写为 Gaël，给女孩起名盖儿则写为其阴格形式 Gaëlle。但也有某些人名既可以命名男孩，又可以命名女孩，书写方式不变，如卡米耶（Camille）。——译者注

在保罗的整个童年时期，他一直留着长头发，穿着中性服装。在班上，他主要跟女同学一起玩耍，也几乎不邀请男同学来家里做客。不上学时，母亲甚至给他穿上裙子，梳起小辫儿。

成年后，保罗在一家通信公司担任秘书工作。他心思细腻，且颇讨人喜欢，然而时不时地，他会经历一段情绪低落期。办公室的同事们对他的认识也有分歧：有些人认为他是个娘娘腔，另一些则认为他是个正常的男人。保罗的运动着装和半长的头发使人无法准确地定义他的性别。所有人对他说话都小心谨慎，防止在谈话中喊出"小姐"或"先生"的称谓。

在母亲去世后的几年中，保罗不断努力地找回一些男性特质。如今，他穿着男士衬衫和西服，但他走路的姿势、举止动作、表达方式以及他的兴趣爱好仍然带有被强加于他的女性特质的诸多印迹。

我感到十分惋惜，要是有人能够介入保罗的生活，向他敲响警钟，或者是将他母亲的行为告知负责儿童心理健康教育的社会服务机构，那该有多好！

不管怎样，男孩子在建立男性性征意识的过程中通常会遇到更多的阻碍。当产生于相对早期且必要的母子亲密关系中止后，孩子便由此开始了对男性意识确立的征程。只有父母能够帮助孩子完成心理发育的转变，父亲尤其扮演着决定性的角色，他的从旁陪伴可以使自己与孩子之间建立起另一种联结，并在之后的阶段为其树立男性身份认同的榜样。这个角色也可由兄长来完成。

父母对孩子的看法，以及他们认定孩子性别的固有信念决定了孩子的性别认知。孩子出生后，父母经常需要几天的心理建设来完成对孩子的性别确认。在这段时期里，他们会以一种不明确的方式称呼孩子，如"宝宝""我的小可爱""我的小心肝"……接下来，护理过程中的种种行为也会因性别的不同而产生差异。当今时代，父母对待不同性别宝宝的举止行为还是老一套的模式。这样也挺好！反过来，父母们也期待孩子能够回应给自己与其性别形象相符合的行为动作。

自一出生起，男孩和女孩就开始经历各自不同且独有的生命历程。一项针对父母行为的研究表明，抱婴儿的手法不仅因孩子的性别而不同，还因抱孩子的人的性别而有所差异。因此，我们经常看到父亲更喜欢让孩子跨坐在自己的脖子上，也更倾向于和孩子，尤其是和男孩子玩"举高高"的游戏；母亲则自然地将婴儿搂于胸前，或水平环抱于两臂中。因性别不同而产生的行为差异还体现在用餐时：妈妈习惯性地催促女儿加快吃饭速度，并以身作则；而允许儿子不紧不慢地把饭吃完。此外，婴儿的啼哭因性别不同而表达着不同的意思：男孩因愤怒而哭闹，女孩则因恐惧而落泪！

如今，人们已经了解到男性和女性的成长过程存在些许差异。这些差异的产生正是男女使用不同大脑半球进行思维而表现出的可见性结果。左右脑半球因性别不同而产生专属于某一性别的感知能力和思维运行模式。当然，这些"外在表现"绝不会将任何一种性别置于统治地位。因此，女孩往往比男孩早开口说话，而且发音更加清晰；男孩则在空间感的形成上略胜一筹。我接手的大多数治疗案例也都证实男孩和女孩的天赋秉性也存在差异：我的女性小病患们表现得更加乖巧，讨人喜欢；男孩们则坐不住，喜欢到处探索我的办公室的奥秘。最后要说的是，在一生中，男孩女孩们以不同的方式建立起自己的性别认同：当母亲在家庭中有较高的地位，女孩子就比较容易将她作为身份认同对象；男孩则在一次次的挫折中建立起身份认知，他必须经历与母亲的分离，也必须压抑住那些母亲曾给自己带来的种种快乐。

所有这些特点都说明了：即使同住一个屋檐下，男孩和女孩对这个世界的感知能力各有差异，对情感关系的理解也不尽相同。那么当看到孩子们之间水火不容，尤其在父母的同一管教下，手足间的天然嫉妒和竞争冲突尖锐，也就不必太过惊讶了。当我向父母们询问他们对于孩子种种错误行为的反应时，答案经常因孩子的性别而发生变化：对待男孩，父母更易使用言辞较为粗鲁的责骂，甚至肢体上的推搡；女孩们则幸运些，父母更倾向于耐心地、温柔地给她们讲道理。

各类语言学研究也证实了我的观察：这些研究表明，比起与男孩交流时所使用的词汇，成年人与女孩交流时所用的词汇更注重表达感情和感受。人们会对一个小女孩说"你不乖哦"，而对一个小男孩说"你是个小坏蛋"。"坏蛋"一词当然不是本意，而被赋予了感情色彩。再比如，父亲对儿子说话时语气直接，经常使用命令式来达到他们所期望的效果。当男孩女孩在一起的时候，我们也可以观察到这样的现象：姐姐在弟弟面前表现得专制霸道。但也许这种跋扈更多是因为年纪而非性别的差异……

完美搭档

当"俄狄浦斯情结"带来的种种困扰过去后,大多数异性手足都能够较为平静地度过童年时光。他们一起玩游戏,在体育活动中互相较量,与同性手足间的相处无异。

若年龄差距不大,他们很容易结成同盟。对那些相差一岁半左右的异性手足来说,他们的相处就如同一对龙凤双胞胎那样。然而,通常情况而言,不管女孩是姐姐还是妹妹,往往都在这个小团体中占主导地位。这种优势地位源于女孩对语言的良好掌握,进而使她具备更多沟通交流的可能性,也源于女孩相对较早的智力发育和形成较快的自主意识。

兄弟姐妹们经常一起玩耍,如果每个人能以各自的方式参与到游戏中那就更好了。例如在玩过家家时,女孩负责烹调,男孩负责品尝;再如玩小汽车时,男孩子当起司机,任由小汽车横冲直撞,女孩则精心打理摆放小汽车的"车库"。但不管如何,每个孩子都应该拥有专属于自己的玩具,拥有一些与其性别相符的玩具。这一点对于三至四岁的孩子来说更为必要,因为这个年龄段是孩子探寻自我性别认知的重要阶段,符合其性别特征的动作和物品能够巩固孩子对自身性别的认同。

我很早就认识雷诺了。几年前,他来我这里寻求帮助,治疗饮食紊乱的症状。自妹妹出生以来,雷诺总是与她处处较量。一天,雷诺的身体机能出现退化:他不愿意吞咽块状食物,决定只喝粥和用奶瓶喝奶。鉴于他在几周的时间就瘦了三公斤，这种令人担忧的饮食状况可能导致厌食症的发生。

后来，雷诺因外婆而"得救"了。外婆想出了一个绝妙的主意，用锡箔纸来给雷诺做饭。雷诺给这些用银色铝制纸包裹着的食物小包取名"银子礼物"。在这里，我想特别表扬一下长辈们作为心理治疗师的杰出品质，他们在与儿童的相处中比父母表现出更令人惊叹的智慧和耐心。

如今，雷诺已经十岁了。他成绩优秀，跟同学相处融洽，并且有了自己的小朋友圈。然而，他与妹妹之间的竞争关系并没有消失，可能只是相较以前来说没那么明显了。有时，雷诺甚至玩起了某种阴谋家的小伎俩，在他的一本特殊的笔记本上记录下妹妹在学校里的所有的荒唐举动和错误，然后周期性地向妈妈汇报，最后不忘总结陈词：由于妹妹在学习上没什么特殊天赋，自己则具备取得优异成绩的所有能力，因此妈妈应该少关注点妹妹。他甚至考虑自己要不要考得差一点，这样妈妈就能给自己多一点关注。对此，雷诺的母亲不知该如何是好，她当然希望儿子成绩优异；雷诺的父亲则态度中立，因为他发现自己每一次介入调停时，雷诺的嫉妒反而愈加强烈。

与其说这个男孩子需要一位专家的帮助治疗，使他讲出自己的种种困扰，倒不如说他需要得到鼓励，多交些朋友以使自己稍稍忘记一下妹妹的存在。我深信雷诺对妹妹的嫉妒情绪会随着他进入青春期而大幅度减少，到时候他的时间就要用来应付诸多女朋友了。

学校，一种分离剂

入学是造成手足关系发生分离的要素之一。由于年龄差距，一个孩子总会先于另一个进入学校，且至少相差一个学年的时间。即使他们就读于同一所学校，先入学的那个已经有足够的时间建立起自己的朋友圈，甚至有了几个"小男／女朋友"。学校为每个人提供了与其他孩子交往的机会，这在每个孩子的性格养成中占据了至关重要的地位，使他们在新朋友身上找到了不同于兄弟姐妹们的参照。男孩女孩们发现了一些新的生活习惯，了解了其他的行为方式。那个在手足群体中一直处于服从地位的孩子会发现自己和别人具有一样平等的关系；而那个始终处于主导地位的孩子则会被迫放弃主位，因为社会交往关系只能缔结于平等之上。

当孩子快满五岁时，另一起事件进一步拉开手足间的距离：一场两小无猜的爱恋拉开序幕。如同成年人的爱情一样，孩子间的互相吸引也源自一场奇妙的邂逅……气味、肤色、微笑、鬼脸以及共同的嬉戏时光都是促成情感萌发的因素。绝大多数的"小情侣"都是异性相吸，然而孩童之间的爱恋也可发生于同性之间。尽管如此，这绝不意味着孩子将来会成为一名同性恋者，因为这个年纪的孩子都处于一个自我寻找的阶段，选择朋友的标准也首先建立在相似程度上。孩子间纯纯的爱恋揭示了这样一个事实：当孩子"爱上"一名异性同学时，意味着"俄狄浦斯情结"阶段已经结束，父母对他而言也各归其位、各司其职了。

哥哥姐姐时常嘲笑弟弟妹妹们的"爱情"。以年长三四岁的差距来看，他们认为这实在是小儿科，然而却忘记了那些兴奋与激动也曾同样令自己心花怒放！此外，哥哥姐姐的不理解还源于此时的弟弟妹妹正处于"潜伏期"。这种心理成长阶段的特征之一便是在一定程度上对"性"问题表现得兴趣索然，更倾向于与同性朋友交往。

梦想成为独生子

手足间最大的年龄差距也不过七到十四岁。这种情况下，孩子们的成长轨迹各不相同，且性格各异。男孩活泼好动，通过力量的抗衡获取体育活动中的优异表现；相反，女孩可以花数个小时与闺蜜们闲聊，倾诉自己的小秘密。在这种年龄差距下，不满与厌烦也是相互的。在家里，每个人都独处于自己的卧室里，仿佛是家中唯一的孩子。哥哥对妹妹毫不关心，只有当她们置身危险之中，尤其是受到别的孩子欺负时，哥哥才会挺身而出；另一边，姐姐对待弟弟则会像管教"小毛孩"那样愈加严格，即使这样的管教仅仅维持几分钟而已。

由于兄妹或姐弟俩各自有着不同的娱乐活动，且拥有自己的独立卧室，他们之间的相处会更加和谐。每个人有着自己的交友圈子，享受各自的恋爱时光。然后时不时地，全家人聚在一起愉快地庆祝某个节日。当家里只剩他们两人时，孩子们共同玩耍的时间逐渐减少，此时的他们最想和一两个小伙伴来分享游戏时光。另外，当孩子们处于同一发育阶段时，在父母不对某个孩子表现出明显偏爱的情况下，孩子们对父母的爱如何平均分配的问题也不会那么斤斤计较了。

"潜伏期"所指的年龄为手足间矛盾减至最低程度的年龄阶段。这一时期标识着兄弟姐妹的各自分离，预示着友情时代的来临。朋友将在每个孩子的一生中扮演起决定性的，甚至比兄弟姐妹更为重要的角色。因为，朋友是我们每个人自己选择的。

此时孩子们之间的矛盾冲突主要围绕两类家庭生活而展开：公共空间的使用（浴室、电视）和日常家务劳动的分配（摆餐具、遛狗、倒垃圾和吸尘等）。父母需要格外留意在男孩和女孩间平等分配家务活，因为女孩对于这类劳动的积极热情相较于男孩的敷衍了事经常成为性别歧视的源头。

在治疗过程中，我常常发现一些围绕家务劳动而产生的手足竞争。每个家庭都有十分相似的经历，都有一个不光房间乱糟糟，头脑也一团乱的男孩子。他喜怒无常，缺乏专注力，他的"领地"就像是个堆放杂物的储物室。面对这样的"灾难"，父母经常让女儿帮他整理房间，而这往往会激怒女儿，因为她拒绝成为哥哥或弟弟的保姆。女孩将父母的要求看作是对性别平等的侵犯，然而母亲如此安排，只不过是因为她觉得女儿更通情达理，更井井有条罢了。

尽管女权思想以及女性从事的工种在大众的思想意识形态中都有了长足的发展，但在家庭生活中，女性所扮演的角色还常常带有鲜明的性别标签：女孩洗碗，做蛋糕；男孩负责洗车，以及设置各种家用电器。甚至，我常常惊讶地发现，"你有兄弟和姐妹吗？"这个惯例般的提问方式竟然从来没有发生过变化。什么时候我们才能自然而然地问出："你有姐妹和兄弟吗？"等到那一天，长子的权威地位，他作为家族姓氏继承人和光耀门楣的种种期待都会统统消失。而且，在语法上，阳性比起阴性形式，也许就不会再占据上风了……

青春期的同盟者

当今时代，我们应该从教育着手，在女孩和男孩中普及平等的观念。性别歧视只存在于建立在错误宗教观念基础上，标榜男权至上的社会群体中。

在接受教育的过程中，男孩同女孩一样，有着相同的奋斗目标，成绩等级是区分每个学生的唯一标准。虽然女孩往往在学业上比男孩表现得更加优秀，但在职业成就方面，结果就不那么笃定了。她们通常选择一些早已人满为患的行业，更倾向于从事服务性或展示性的工作；男性则更实际些，他们在择业方面则会统筹考虑学习经历、预期薪酬和职业发展等因素。

如果说，男孩和女孩的发展方向不尽相同，有一点却是肯定的：他们都是身份平等的学生，每个人都有各自的职业活动规划。没有一个男孩子，至少我希望如此，会先将自己的姐妹看作是未来他人的伴侣或家庭主妇。至少，他在这样认为的同时也会想想她们的工作吧。此外，将来他选择的妻子也一定会是一个要兼顾家庭与工作的女性。

步入青春期后，兄妹或姐弟之间会更尊重彼此的不同。相较于同性手足关系，他们的相处则更接近盟友关系。姐姐或妹妹是最佳的倾诉对象，哥哥或弟弟则是全心奉献的守护者。此外，多半是在兄弟的掩护下，女孩获得了人生中第一次深夜外出的机会。

相对于男孩，受到更多的监督和管教的女孩也往往成为第一个离开原生家庭的孩子。她们渴望自由，期待着充分享受自己的情感生活。她们独立自主的意识击退了对于寂寞的恐惧。常常也正是在她们的劝说下，男孩子也跨出了离开家庭温床的第一步。

过从甚密，危机暗伏

进入青春期后，兄妹或姐弟之间过于亲密的肢体接触和情感关系并不值得提倡。手足之间情感乱伦关系的发生频率其实远比人们想象中多得多。这种关系可以表现为一种带有侵略性的情感依恋心理，阻碍了个体追求"真命天子（女）"的道路。而只有和这个另一半在一起，青年男女才能充分享受性带来的愉悦体验。这种"过分的爱"有时会引起孩子们之间的肢体碰触，在大多数情况下表现为过多的肌肤抚摸，有可能转化为手淫行为，甚至引起一些罕见且病态的极端状况，如实质性性行为的发生。大多数的手淫行为和性意识启蒙很可能都产生于手足之间。若兄妹或姐弟俩并没有因此产生任何心理不适症状的话，这些行为就成了家庭的秘密，而将心理医生排除在外。

异性手足间的乱伦关系，同亲子间的乱伦关系一样，在我们所处的社会中是一个严重的禁忌话题，然而两种关系的内在原因却不尽相同。当然，它们之间确实存在某种逻辑关联。我们爱上自己的姐妹或兄弟，往往因为他们被视为是与父亲或母亲如此相似的情感替代，使我们的童年生活获得完整。在正常情况下，青春期的孩子为了摆脱对乱伦的臆想会主动地与父母和其他家庭成员保持一定距离，由此他打开了建立社会交往的大门。爱上自己的兄弟，对姐妹暗生情愫，这都是爱自己、爱自己的"复制品"的表现，显示出个体在区分自我和他人方面的能力缺失。对自身身份感到困惑是一种严重的心理紊乱疾病，而乱伦行为通常只是该问题的表现形式之一。

儿童心理治疗师的职业经历使我有机会接触一些有过乱伦经历的青春期少年。从大多数病例来看，这些孩子往往是乱伦关系中的受害者，受到哥哥或姐姐的霸凌。大孩子们时而带有一丝邪念地，通过这些行为在弟弟妹妹中树立起无上的主导性权威。

我记得这样一个患有厌食症的姑娘。在治疗过程中，她迟迟才说出自己受到哥哥性侵的事实。哥哥总是频繁地抚摸她的胸部，而她默默承受了这些带有色情意识的行为。她为自己放纵哥哥的行为而产生罪恶感，却又甚至认为哥哥的行为是自己引起的。这些被深深埋藏于心底的情绪使她对一切性行为产生排斥。

我也曾长期追踪治疗一个有自杀倾向的青春期小伙子。有一天，我偶然在诊所接待了他的姐姐。她向我吐露了一个秘密，当他们小的时候，姐姐曾经利用弟弟的身体满足生理需求。事实上，姐姐是弟弟的性启蒙者。当时我充满了自责，为自己从没考虑过这样的假设来解释弟弟的行为而感到十分惭愧。

被迫承受的乱伦关系往往会给受胁迫者留下诸多心理隐患，并转化为身体严重的紊乱症状，使其产生轻生的念头。作为受害者的青春期孩子不断尝试自杀行为，他们做出种种高风险举动并以此游戏人生，或对自己的身体认知产生严重偏差。糟糕的饮食方式或正常性行为障碍都是这种现象的外在表现。

我认为，父母们应该留意正处于青春期的孩子们的某些行为举止，以防其转变为手足间的霸凌。一旦发生，造成的后果难以治愈，因为受到欺辱的一方需要付出极大的努力才能够完成自我心理重建。通常而言，无论对于男孩还是女孩，乱伦行为都是他们人生中的第一次性体验。即使这种行为或多或少地出于自愿，即使它甚至带来了某种程度上的身体愉悦，但它绝不能带来一次正常性行为所提供的有益体验。"第一次"的经历应该是每个人增强自信的好时机，因为它表明了个体的魅力，见证了即使我们都背负着各种各样的不完美，但每个人都有爱与被爱的能力。所有这些促进心智成熟的因素都不存在于乱伦关系中，因为在这种关系里，作为家人的一方已经对你了解得够彻底了，而你也无需向这个家人再证明什么了。

常常熟视无睹的父母

常常，在父母眼中，孩子们之间过于靠近的肢体接触、抚摸、亲吻、嬉闹不过是他们表现亲密感情最简单明了的方式。当孩子们年纪尚小，父母从孩子们的举动中只看到了天真烂漫的游戏。然而，父母不该混淆了"情色"与"情感"的内涵。比如，一个性格内敛的大小伙子还在和妹妹嬉笑打闹，这行为足以引起父母的密切关注；再比如，姐姐赤身裸体或衣着暴露地在弟弟们中间走动，并非只是骄傲于自己的身材或感到轻松自在。以上这些举动都是不正常的，因为从某个年纪起，男孩女孩们就应该避免和自己的异性手足发生频繁的肢体接触了。从正常的发育角度来说，青春期的孩子通过探索自己的身体，以及通过感受身体带给自己的欢愉体验逐步形成了对性的认识。男孩会悄悄地以手淫的方式学着了解自己，家人的过分裸露常常将他置于尴尬境地，他努力抑制对于乱伦的臆想也会让他痛苦不堪。

异性手足间的过分亲近尤其会给正处于青春期发育阶段的孩子们造成隐患。在这个年龄段，由于荷尔蒙的旺盛分泌，人在本能冲动的强烈驱使下产生性欲。当青春期孩子看到他人的身体时会为之兴奋，进而产生性冲动。幸好，在这个追求爱情的年纪，身体的冲动还是会得到理智的削弱和控制。

案例分析表明，某些条件对异性手足间的乱伦关系有促进效应，尤其在缺失父母关爱的家庭里，乱伦行为的发生频率确实较高。这些渴望温暖的孩子们，特别是处于青春期的孩子们，对个人的生存现状充满迷茫，他们相互靠近，彼此依偎；此外，情绪敏感脆弱，无法树立榜样作用、推行家规的父母也是造成孩子出现乱伦行为的因素。孩子缺失父母的疼爱，父母无法承担教育者角色都会促进这种状况的产生。

还有研究表明，乱伦行为在长期分离的异性手足中也有较高的发生频率。这些孩子并没有共同生活的经历，甚至从孩童时代就没有了。这是心理学家布鲁诺·贝特尔海姆[①]通过观察在合作农场长

---

① 布鲁诺·贝特尔海姆（Bruno Bettelheim, 1903.08. 28-1990.03.13）是一位奥地利出生的美国儿童心理学家和作家，因其关于弗洛伊德精神分析和情绪障碍儿童的研究而蜚声国际。——译者注

大的孩子们的行为而得出的研究结论。这些过着相对稳定的集体生活的孩子们度过了无忧无虑的童年，出落成一个个大姑娘和小伙子，并逐渐拉开了彼此的距离。贝特尔海姆认为，孩子们之间过从亲密的举止首先唤醒了对性的渴望，随着心智的成熟，这种渴望得到抑制从而产生了罪恶感和羞耻心。那么，由于童年时亲密无间的生活，异性手足在步入青春期后，便产生了一种远离彼此的需求，从而在家庭范围外展开对性的体验。

然而选择伴侣时，每个人往往会将对方与自己的兄弟姐妹在外形或思想上的相似之处列入重点考量。这也解释了为什么这样的事例比比皆是：女孩会嫁给哥哥最好的朋友，或男孩娶妹妹的闺蜜为妻。上述结果并非偶然，因为好朋友或闺蜜总是分享着共同的追求，有着共同的爱好；他们的友谊缔结于忠诚、信任和真诚之上。这些特点和品质也是兄弟姐妹所共有的，且愿与身边的人共同分享。

尽管如此，接受好友成为妹夫，或将闺蜜视为与自己默契十足的嫂子，这样就完美了吗？家庭聚会就更加和乐融融了吗？我认为，跟一个与自己的兄弟或姐妹相似的人建立恋爱关系，其乱伦程度并不亚于和自己的表兄或堂妹结婚，后一种情况已经得到了社会的普遍接受。

每个人在性伴侣的选择中都可能或多或少地带入了乱伦臆想的某个方面。没有任何条文禁止个体对自己的兄弟或姐妹怀有欣赏爱慕之情，正如终其一生人都会对父母怀有眷恋一样。事实上，这正表明了我们能够恰当地控制自己的臆想。如果对伴侣的选择标准完全脱离了家庭参照，则非但不能证明乱伦臆想的不存在，正相反，这暗示了其潜意识中对于乱伦的恐惧，于是疏远成为克服内心恐惧最有效的武器。

过分的爱

在维系异性手足的情感纽带中，总是存在着一部分臆想的乱伦关系。这种关系可以帮助处于青春期的孩子们顺利度过"俄狄浦斯情"结的第二次再爆发：当爱上自己的姐妹时，你就决不会爱上母亲；对兄弟怀有炽烈的情感，会抑制你对父亲的爱恋。然而这些天马行空的爱恋臆想如果在生活中太过于显现的话，会在潜意识中烙下印记。因此，很多异性手足无法承受与兄弟或姐妹的分离。

迪迪埃和西尔维这对兄妹已经各自独立生活好几年了。二十四岁的西尔维是一名年轻的实习律师；二十六岁的迪迪埃是一名工程师。两个人各自住在自己的寓所里。但实际情况是，两人无法离开对方生活。他们每天至少通一次电话，总是和同一群伙伴外出聚会，在共同的朋友家中度过周末时光。西尔维的前几任男友都是哥哥的朋友，但其中没有一个人能与她维持一段持久的恋爱关系。兄妹俩会像老夫老妻那样吵架，西尔维对哥哥的责备总是带有一丝嫉妒和失望。

西尔维和迪迪埃彼此都不能离开对方而变得独立起来。他们的成长故事也许能解释一切。作为家中的长子和长女，他们经历了父母的多段重组婚姻。当父母离婚后，迪迪埃随父亲生活了三年；三岁的西尔维则和母亲在一起。在父母的两段重组婚姻里，两个孩子必须各自融入新家庭的兄弟姐妹中，然后随着又一次的离异而离开他们。情感上的起伏跌宕使兄妹俩变得谁也离不开谁了。

无论异性手足间的乱伦关系是付诸行动还是停留在臆想中，事件的发生总有原因。它体现出孩子无法忍受彼此的分离，揭示了孩子在童年时期受到"个体化－分离"的严重困扰。这在有着种种历史遗留问题的家庭中十分明显：一个具有暴力倾向的父亲被社会孤立，不被接受；或者一个举止轻佻的母亲，其女性特质多过于母性特质。总而言之，这是不能为孩子树立良好自我认同形象的家长。当孩子们长大成人，由于自我认同过于含混模糊，因此便试图建立那些在童年时光中不曾存在过的形象。

异性手足间的乱伦关系绝非是一个老生常谈的故事。若想拥有未来，过去的那段往事必须得到纠正。若这过往深埋于潜意识中，它便会在未来的日子里显现出来。

对兄弟或姐妹过于完美的形象认知会对个人的恋爱关系造成影响，甚至干扰成年人的性生活。爱情的渴望被手足之爱所截断，个体将始终找寻着那个能取代自己曾如此爱恋的兄弟或姐妹的完美存在。这样的男男女女都无法展开一段持久的恋爱关系，一直生活在如偶像般存在的兄弟或姐妹的阴影中。

尽管父母们对于子女间的关系并非总是那么具有远见卓识，但我认为乱伦的禁忌始终被深深地恪守着，当父母看到孩子们在家庭之外有了自己的情感生活后，往往松了口气，放下了心中的一块巨石。可是，这句话还需要稍做斟酌。实际上，在父母的眼中，异性手足间的乱伦和发生于家庭之外的性侵是截然不同的两码事，后者是由陌生人引起的，被视作是更具威胁性的一种举动，而家中发生的与性相关的事件首先被视作是家庭内部事务。

玛嘉莉因厌食症而住院了。她向医护人员解释自己的饮食紊乱源于曾遭受到哥哥的性虐待。依据相关法律，在没有提前通知其家人的情况下，医院将此事告知了警察部门。几周后，接到警局传单的父亲气愤地来到医院。他斥责心理医生，声称他们应该先和自己沟通整个事件，因为这毕竟是一件家事。

我认为，很多起家庭内部的性侵事件都无从被外人知晓。因为母亲不仅会袒护丈夫或伴侣，也会袒护自己的孩子们，甚至是舅舅和祖父。家中所有女孩子都认同了母亲的这一处事态度，即认为女性处于"弱势"地位，而男性的本能就是征服女性的原始观念。父亲也常常是儿子们的庇护者，因为如果在家庭内部也像在法律部门那样对他的行为进行如实谴责的话，会撼动家族权威，进而使整个家庭变得支离破碎。那么，受到侵害的女孩子只能选择沉默以对。

在父母看来，孩子的身体长期以来是他们的私有产物；因为自己给予孩子生命，所以希望他们，特别是女孩们对自己言听计从。在当今社会，依然有许多父母，尤其是父亲，主张将女儿嫁给父母为她挑选的对象，这也就间接地承认了孩子的身体并非属于自己掌控，因为父母才能为她决定将来的归属。从这一角度来看，异性手足间的乱伦行为则更被视为禁忌话题，因为它极大地侵犯了家族规矩：和自家姐妹发生性关系是绝对不能被容忍的，因为女孩的身体属于父亲所支配，只有父亲才能决定将她给予他挑中的人选。如今，女性有权支配自己的性行为和选择性伴侣，这将会促进社会在未成年人权益保护方面提供更好的保障。

禁止乱伦是社会群体得以存在的根本基石，是构建健康心理的重要组成。触犯这一禁忌会撼动所有无法控制青春期占有性情感冲动的家庭成员的家庭地位。

即使得到一方允许，甚至是出于双方的意愿，我也不认可幸福乱伦关系的存在，因为这种关系既不能导向一种被社会普遍认同的共同生活，也不能构筑起健全的家庭形态。随着时间的推移，双方分道扬镳，留给彼此的却是一种双重的挫败感：恋爱与亲情的双重失败。

手足间的乱伦恋令多少文人墨客们为其泼墨撰书，许多经典传奇故事和小说都极大地渲染了这一主题。也许这样做也是为了警醒读者其中的危险：从古希腊传说中宙斯与姐姐赫拉结婚，建立家庭；到风神埃俄罗斯的儿子卡那斯和女儿玛嘉蕾冒着受到父亲惩罚的风险珠胎暗结；再到古埃及神话中的伊希斯和姐姐奥西里丝的爱情故事等。另一方面，在文学史上不能不提到十八世纪法国作家夏多布里昂和他著名的自传体小说，讲述发生于姐弟之间不伦之恋的《勒内》；以及二十世纪法国先锋派作家让·谷克多的小说《可怕的孩子们》也涉及姐弟的非正常生活。

每一种文明对待乱伦禁忌的态度不尽相同。如在伊朗和埃及，无论王族或百姓，异性手足间通婚的情况曾经十分普遍。此外，虽然长久以来人们将禁止乱伦行为作为区分人和动物的主要依据，然而众多动物学家经研究证明，事实并非如此。另外，我们不妨这样想一想，圣经上说亚当和夏娃所生的孩子们互相结合才有了我们每一个人……

相对来说，在众多心理学理论中，异性手足间的乱伦课题鲜少被触及。作为心理学开山鼻祖的弗洛伊德也几乎从不谈起这一话题；精神分析学家梅兰妮·克莱恩认为乱伦不过是孩子间带有情色意味的小游戏罢了，跟其他的游戏并无多大差异。而我认为存在于异性手足间的乱伦问题非常值得进行深入探究。如此一来，儿童心理分析学家和精神分析学者就能更加关注手足间的肉体乱伦关系所造成的心理后果。同时，那些来自重组家庭，较晚且短暂地经历了一段共同生活的孩子也应该引起学界的重视，从而将这些拥有一半血缘关系的异性手足之间性意识的萌发作为研究对象。另外对于那些生活在同一屋檐下，但彼此毫无血缘关系的孩子们来说，又是怎样一种情况呢？

送走童年，来到少年，接着迎接成年。经历了纷乱的冲突对立和无数的美好往昔，兄弟姐妹们要展开各自的情感生活了。独立，意味着一个人有能力去爱家庭成员之外的另一个个体，意味着去创造一个崭新的故事，创造一个携带父母双方各一半遗传基因和全部家族过往的孩子的故事。这个孩子在父母双方的家族沃土中汲取养料，然后在此基础上延续血脉，绵延不绝。

4

一场关于偏爱的较量：专属的爱

在每个家庭中，都会有一个被爸爸或妈妈，或被二人同时偏爱的孩子。我知道自己的这番论断定会深深震撼众多希望在各个方面，特别是在关爱方面一碗水端平的父母。然而，我坚持自己的观点。在兄弟姐妹之中，总有一个孩子是父母眼前的"红人儿"。如果需要的话，我还可以佐证我的几位儿童心理学导师在该领域的研究理论。当父母偏爱同一个孩子，或同时认定某个孩子为"害群之马"时，这样的手足关系是最令人烦恼和难以忍受的。但值得庆幸的是，每个人对于亲子情感的联结都有着各自的考量标准，因此上述极端情况鲜少发生，绝大多数孩子都逃过了这一"劫难"。

家对每个人来说是理想的观察和比较平台。因此，父母面前的"红人儿"很快地就会被其兄弟姐妹们察觉。只需要很短的时间，孩子们便能衡量出每个人与父母之间的亲疏差异。这些判断有的出自真实，有的则只是源自孩子们对某个微乎其微、不值一提的细节进行想象解读而成的。小馋猫们总觉得自己得到的那块巧克力蛋糕是最小的，爱漂亮的小醋坛子们总嫉妒姐妹收到的连衣裙比自己的更漂亮。

最漂亮的孩子

普遍说来，在每个家庭中，父母二人都试图在某个孩子的身上找到属于自己的印记。他们的偏爱首先建立在孩子与自己共有的某些外貌特征上：瞳孔的颜色、发色、圆润饱满或有凹陷的下巴等。父母无比欢欣地识别出孩子的这些特征，且为自己同样具备这些特点而感到自豪。然而有时这种外貌比对更为微妙，夫妻一方因在孩子身上发现某个与挚爱伴侣一样的外形细节特征而深感欣喜：父亲对女儿们中的一个感情更深，因为她继承了母亲的漂亮头发；母亲总是用更深情的目光回应儿子，因为这双眼睛使她想起了与心上人初次约会时令自己为之悸动的那双眼睛。

相反地，某些外形缺陷也会令某个孩子失宠。一个大鼻子、一对招风耳，或一个过于明显的胎记都会使某些孩子的外形不那么讨人喜欢，也因其挫败了父母的自尊心而减弱了他们的自豪感。这种情况尤其发生在唇腭裂患儿身上。唇腭裂，俗称兔唇，是一种借助当今医学技术完全可以修复的良性身体畸形症状。但由于新生儿的面容有损，婴儿的父母需要接受必要的心理辅助治疗，使他们对孩子可以投以正常的情感。实际上，当刚刚降临世界的孩子并不符合父母在整个孕期中对他（她）的想象和期待时，父母很可能产生出一种交织着爱与失望的矛盾情感，甚至可能出现某种逃避心理。

由于长相不讨喜而失宠的著名事例之一来自文学作品。在我的童年时期，童话故事《胡萝卜须》使我印象深刻。作者儒勒·列那尔描述了一个自出生就有着一头红发的小男孩的不幸经历。在三兄弟中，他排行老幺。在那个社会里，几世纪以来，人们都将长着火红头发的人视作魔鬼的同盟，因此胡萝卜须的家人将他的这一独特之处视为家门耻辱。

这个被母亲厌恶的小男孩承受了许多侮辱和责罚，独自干着最苦最累的活儿。倘若遇到某件危险的事情，家人便会要求他克服内心的恐惧去完成。母亲勒比克夫人，除了在吃饭的口味上，再也找不到任何与小儿子的相似之处了：像母亲一样，胡萝卜须喜欢米饭，讨厌甜瓜。儒勒·列那尔详述道："于是，大家要求他喜欢或不喜欢某种口味，总之，他必须只能喜欢母亲喜欢的东西……这一天，胡萝卜须既没有吃甜瓜，也没有吃奶酪，因为母亲说儿子不喜欢这些食物。母亲对儿子的口味很笃定，所有没有必要让他再去尝试了。另外，他知道尝试是件危险的事情。"

胡萝卜须感到无所适从：有时他尝试着去理解和讨好母亲；更多的时候，他选择放弃，但不公平的命运又使他做出反抗。绝望的他通过自残身体，甚至自杀来发泄怨愤。只有和父亲一起打猎或住校的时候，他才能得到片刻喘息。情感的完全缺失使他变得很不安分，常常做出"怪异的举动"，这种症状在经常挨打的孩子中普遍存在。

最终，胡萝卜须崩溃了。他向父亲求助，希望找到一个办法让自己远离这个家："哪种命运能比我的命运更糟糕呢？我有个母亲，但她不爱我，我也不爱她。""那我呢？你觉得我爱她吗？"父亲勒比克先生面带厌烦，直言不讳地说。

至此，胡萝卜须差不多全明白了：事实上，自己的外貌差异只不过是母亲不爱自己的借口罢了。作为全家的老幺，他的出生只是勒比克夫妇的一次意外。至少他的降生并不是要来挽救一个濒临破裂的婚姻的。

在我们向孩子们讲述的很多此类可怕的童话故事中，当然要提到《丑小鸭》了。这个长着灰色羽毛的丑小鸭是全家的羞耻，遭到所有同类的鄙视……直到有一天，它蜕变成一只美丽的白天鹅。

这样的"丑小鸭"也会诞生在人类家庭中，即孩子没有遗传到父母的任何外貌特征。然而，需要明确的是，孩子总是天然地携带着父母的基因。这些基因决定了瞳孔的颜色、头发的颜色、耳朵或鼻子的形状。然而，基因的组合十分复杂：某些基因特征只有遇见和自己有着相似结构的基因才能显现出来，另一些则有可能难以预测地跨越"辈分"产生隔代遗传。我就认识这样一个小姑娘，她有着金色的头发和绿色眼睛，但她的父母则是棕色头发和黑色眼睛。她肯定是这对夫妻的女儿，只是继承了爷爷的瞳孔颜色和外婆的一头金发罢了。

当一对具有血缘关系的父子却无任何相似的外形特征时，这种情况就更加复杂了。事实上，如果说母子的亲缘关系是可以确定的话，父亲与孩子的血缘则总是有待证实。在这种情况下，我认为父母对孩子的情感投入很大程度上取决于夫妻感情的稳定程度。结果可能多种多样：母亲也许因为孩子而时刻想起自己那段尽管短暂却刻骨铭心的爱情，从而对孩子过分宠爱；或者相反，因孩子唤起了母亲关于一段失败感情的回忆而失宠。父亲这边的情况也泾渭分明：父亲要么不承认孩子是自己的，对他不管不问；要么经历一段培养感情的过程，逐渐接纳并付出爱。

成年人之间的爱情故事，尽管有时曲折复杂，但也有可能因孩子而收获美好的果实。我经常在一些再婚重组的家庭中发现，比起亲生孩子，父亲往往更喜爱自己的继子或继女。不管怎样，情感纽带的联结建立在彼此吸引之上，而每个参与者都在其中扮演着自己的角色。

或真实或想象的契合

相似的外形特征，无论是真实存在还是想象使然，肯定不是造成同一家庭中父母对不同孩子有所偏爱的唯一根源。一些性格的相似特征和智力方面的相互契合也能够在亲子之间建立起好感。而一切都是跟着感觉走的。父亲可能自觉与女儿更加亲近，因为两人都喜欢帆船或滑雪运动；母亲也可能在与儿子一起看希区柯克的电影或听勃拉姆斯的古典音乐时产生了相同的情感共鸣。然而在达成这一共鸣之前，相似的智力感知能力源于一种心理构建。这种构建过程诞生于平日生活的方方面面，来自亲子间分享的点滴日常。让我们来看看这个事例：夏天，一个家庭正驱车行驶在阿尔卑斯山的一条公路上，夜晚的景色美极了。这时，一颗流星划过天空的一角。母亲和女儿目睹了这一美景，父亲与儿子正专心观察车灯照射下路堤的状况而浑然不觉。第二年，这一家人来到希腊度假。在一次乘船出海时，母亲与女儿突然看见一只海豚从浪花间腾跃而起，坐在小船另一端的父亲和儿子则错过了这场表演。相同的记忆进一步拉近了女儿和母亲的距离，两人从此刻起认识到她们能够捕捉到相同的景象，并产生相似的情感体验。随着孩子们的个体差异和各自与父母之间亲子关系的远近，正是这些偶然发生的个体事件的不断积累塑造着每个人不同的身份形象。

虽然偶然性在心灵契合方面扮演着重要角色，但并不足以解释这种现象。针对亲子关系的研究表明，许多依恋情感建立在错觉之上。这其中最为人津津乐道的便是婴儿的无意识微笑反应，这常常被父母解读为是一种孩子用于交流的微笑行为。因此，在与孩子的接触过程中，父母总会将自己的愿望视作真实情况。在关于亲子间的智力感知能力是否相似的问题上，有时亦是如此。

因此，不管是真实存在的，还是父母强烈希望能够实现的外貌相似特征，都是构成夫妻二人各自产生错觉心理的基础，有着相同的心理机制："因为我觉得你和我相似，你就应该和我的思维一致；因为我是如此爱你，你只能和我的观点相同。"那么只需生活中的个别偶然状况便可支撑这些主张：个别潜意识中的丁点儿相似之处便足以构筑起真正的相似特征。因此，在一个至少有两个孩子的家庭中，父母常常会觉得两个孩子中的一个在脾气秉性方面简直就是"母亲的翻版"，而另一个"跟父亲是同一个模子里刻出来的"。"有其父必有其子""有其母必有其女"等俗语便在大多数家庭中得到了印证。然而，这样的心灵契合有时也作用于异性之间，如儿子与母亲想法接近；反过来，女儿与父亲在性格上有很多相似之处。

上述情况有时可能会给夫妻关系造成一定的困扰，一方需要不断调整自己与某个孩子的相处模式，因为这个孩子兼具挚爱伴侣的性格特点和以自己为同性身份认同对象时形成的性格特征。当家庭中只有一对儿女时，这种交错的相似特征还比较容易处理；然而，当孩子们性别相同时，其中的某个孩子可能会在性格上受到父母中异性一方的影响，而处于尴尬的局面。

四岁半的让上幼儿园中班。他与弟弟之间的矛盾极其严重。弟弟有着异常充沛的精力，对周围的一切充满好奇，与家人和外人都能融洽相处；而让呢，性格极其腼腆和多疑，面对一丁点儿的困难就表现出巨大的恐惧。比如，还没画完一幅画，他就已经觉得它不好看了。一段时间以来，父母注意到一些奇怪的现象：让要求用奶瓶喝水，并让家里人给他穿上尿布。这并不是为了不尿在裤子上，而仅仅是因为弟弟穿尿布而已。最让父母担忧的是，他的语言表达出现了一个以前从未发生的问题：总像个小宝宝一样咬着嘴说话。

参考其智力发育水平判断，让表现出了严重的身体机能退化症状。事实上，他在幼儿园里是一个表现优异的孩子，也很好地适应了幼儿园的生活。他的安静乖巧总是赢得老师的表扬。当然，老师总是喜欢乖孩子的。然而，他生理上的退化反应很可能会对今后的学习造成影响。

在一次面对面的谈话中，让向我坦诚自己一直做个好孩子的原因是担心会被弟弟超越。那么，这是一场十分积极有益的手足竞争关系。其实，问题根源并非出在手足关系上。我分别同孩子的父母进行了交谈，尤其在与父亲的谈话中，我发现父亲的性格更接近活泼好动的弟弟，而与敏感脆弱的让十分不同。这使依稀察觉到异样的让感到苦恼。他选择了自我回避，甚至虚构出一个温柔的女性形象来安抚自己。这个形象能使他在幼儿园和在家里都乖乖听话。然而表面上的安静平和也在对让的成长发育造成损害。

对这个孩子，我没有开具任何心理治疗处方，他很快就会康复。其实，他只是需要确认父母对自己的爱，尤其是来自父亲的疼爱。我向他的父母提议制定一套真正的亲子关系修复计划，使这个孩子可以在没有弟弟的情况下分别享受和父母二人单独相处的时光；我还建议他们将孩子们送到爷爷奶奶或外公外婆家小住，作为一段"喘息期"。为了不让老大认为这样的分离是被父母抛弃，弟弟也应该接受这样的安排。如果可能的话，两个孩子在生活时间和频率上都应该保持一致。

半年后，当我再次见到让，他已经重拾健康的社交生活，并能和他的小伙伴们融洽相处了。渐渐地，他的身体机能退化得到了改善，与弟弟展开了更为公开的竞争。兄弟俩的口角争执反而成为他们实现个体独立发展的绝妙良方。

随着孩子们逐渐成长，父母的偏爱也取决于孩子们的智力和课业表现，对于成绩的评价往往能够快速将孩子们分个三六九等。

学习成绩的好坏无疑是家长前来咨询儿童心理问题的最大动机之一。十个案例中，接近六个案例与之相关。糟糕的课业表现往往是孩子宣泄对其他兄弟姐妹嫉妒情绪的表现方式。大多数父母往往更加偏爱那些成绩优秀的孩子，因为他们满足了自己的虚荣心，尽管言之尚早，但这也让父母觉得自己在孩子的教育上已经取得了成功。需要承认的是，成绩糟糕的孩子几乎总是伴随着暴躁的性格，这极有可能是在家庭中遭遇情感认知障碍困扰的结果。

父母喜欢成绩优秀、乖巧安静的孩子。在作出这一判断时，或许我显得不那么有远见。我理解父母，因为这毕竟省去了生活中的很多麻烦。然而成绩优秀与否并非总是衡量心理健康的一项标准；乖巧的外表下也往往隐藏着痛苦，并在日后通过某些严重的症状显现出来。

几年前，我接诊了一个成绩非常优秀的男孩子。在初中二年级的时候，他的平均成绩竟然达到19分[1]！男孩的父母都是法国顶尖大学预科班的老师。他们认为儿子过分懂事和用功了。他从来不出去玩，也不交际任何朋友。事实上，这个将自己完全孤立起来的男孩子遭受着与同样成绩优秀的姐姐的恶性竞争所带来的困扰。他不惜一切代价希望超越姐姐，甚至为了这个目标，他可以放弃自己的一切社交生活。

治疗过程并不简单，因为首先必须先降低他的分数，使他成为一个对同龄人来说"可接近"的人。我们于是尝试着让他参加一些娱乐和体育活动来转移他的注意力。虽然放弃书本对他来说并不容易，但在接下来的学期里，这个孩子的平均成绩降低了5分，且收到了两封生日邀请信。然而，我觉得自己的任务还没有全部完成：我曾多么希望他的平均成绩能下降至对他来说是那么不可能的12分啊！

---

① 法国的教育体制实行20分制。——译者注

往昔的重量

　　每个孩子，甚至在未出世前，便已经被记入了家族史册。显然，家族的过往在父母对待每个孩子的态度上发挥着重要作用。通常在孩子出生的几个月前或从给孩子起名字时，一切便早已开始了。我强烈建议父母们细细思量自己给孩子取这样或那样的名字时出于何种考虑，然后自问当孩子长大成人后是否会为拥有这样的名字而感到自豪。

　　为孩子取名，是件意义重大的事。长久以来，长子或家族中的第一个男孩子与父亲同名，或拥有一个将父亲的名字包含其中的复合名。例如，皮埃尔的儿子被叫作让－皮埃尔，让的儿子则被称为让－夏尔。在美国，长子继承父名，仅仅在前面加上"小"这一形容词的传统至今仍然盛行。在当今时代，大多数父母都不再固守传统，而凭自己的喜好选择名字。然而，这份自由空间还是或多或少地遭遇局限。父母受到历史人物或时代名流、小说或电视剧主人公的启发，且更倾向于选择那些曾给自己的青少年时期留下过深刻印记的名字。所有这些名字都是意义的载体。自然地，比起一个"坏人"的名字，人们更易接受一个"好人"的名字；比起"失败者"的名字，更易接受一个"胜利者"的名字。因此，维克图瓦（Victor①）意味着战无不胜，比安弗尼（Bienvenue②）意指备受期待之人，马

---

① 英语单词，意为"胜利"。——译者注
② 法语单词，意为"欢迎"。——译者注

克西姆（Maxime①）包含对孩子成为伟岸之人的殷切寄托，但也说不定叫这个名字的孩子成年后仍然身型矮小。由此看来，某些孩子比其他孩子要走运得多：他们的名字本身就能起到增强自身价值的心理暗示功能，或带有悦耳动听的和谐音节。

然而，即使某些名字听起来颇为顺耳，却因传递了一段可能会令人感到尴尬的往昔回忆而带有使人难以承受的重量。比如，一位画家母亲给儿子取名马蒂斯，因为这是自己最欣赏的法国野兽派艺术大师。可如果小男孩并没有绘画天赋呢？会不会使母亲感到过度失望呢？再比如，两个名叫蕾蒂西娅和阿德里亚娜的小姑娘皆因父母崇拜的两位超级名模蕾蒂西娅·卡斯塔和阿德里亚娜·卡林姆博而得名。可上天并不一定会赐予这两个女孩曼妙的身材，父母又是否能承受得了呢？

在法国科西嘉岛和意大利，人们会以逝去的祖辈的名字来给孩子取名，尤其长子们会被冠以爷爷的名字。在某些遭遇亲人离世的家庭中，如果孩子在此后不久出生，那么便会"继承"逝者的名字，甚至承载了所有家庭成员对这位亲人的形象记忆。最糟糕的情况无疑是，由于老大的夭折，父母便将其名字命名给了随后出生以取而代之的新生儿。这种做法表明父母并没有走出孩子夭折的阴影，且可能严重扰乱新生孩子的身份认知，因为他将永远不能真正认识自己到底是谁。据此，某些心理学家认为文森特·威廉·梵高内心脆

---

① 法国人名，意为成为"伟大的人物"。而"伟大"一词在法语中带有双重含义，既指"精神崇高的人"，又指"身材高大的人"。因此，此处原作者设置了一个文字游戏。——译者注

弱的根源在于自己和哥哥拥有同样的名字。哥哥在梵高出生前便夭折，他的墓碑就立在家门口。梵高可能一辈子都没有走出兄长的阴影，也没能彻底摆脱这段记忆，甚至不能像讨厌其他任何一位兄弟那样对待这位逝去的哥哥。当生命以令人猝不及防且毫无征兆的方式离开后，他们的形象反而显得愈加完美。对于家中其他孩子来说，手足的离世叫人难以接受。尤其是对于那些"继承"已逝哥哥或姐姐名字的孩子来说，由于父母认为自己与夭折孩子的缘分太过短暂，这被死亡笼罩的阴影就显得更加复杂。面对一个自己永远也无法与之争吵的哥哥或姐姐，没有任何一种处境比这种情感较量更难受了。

除了"常用名"外，大多数孩子都有不止一个名字。通常情况而言，他们的中间名一般以祖辈的名字命名，旨在延续家族、甚至王朝的身份标志。我经常向我的小病人们了解他们的全名，然后考考他们是否知道自己名字的家族来源：如继承一位在家族中因慈爱和甜点技艺备受尊敬的外婆的名字，或名字中带有一位在家乡无人不晓的性情温柔的水磨坊建造师爷爷的名字，再或者被冠以一个因智慧超群而闻名的远房祖辈的名字。这些孩子不管在自己的小家庭还是大家族中都被赋予了一个异于他人的地位。名字，通过唤起人们或喜悦或忧伤的记忆，可以预设人们对叫这个名字的孩子或亲切或冷淡的情感态度。

从出生开始，名字便协调和维系着整个家庭关系。它可能导致父母、祖父母、舅舅婶婶或姑表亲戚们的不同情感态度。某些"自带光环"的名字甚至可能造成手足间的互相妒忌。因此，祖父母们较为平等的情感分配，在协调手足竞争关系时就显得尤为重要了。某些孩子会假想出根本不存在的偏爱，而另一些则深信自己是最受宠的那个，并且愿意不惜任何代价维持这一霸权地位。

五岁的维克图瓦正在度过一段艰难时期。几个月前，他的外婆去世了。维克图瓦对我说，比起姐姐埃娃，外婆更偏爱自己。他对此确信无疑，因为外婆曾经常对他说："我爱的是你。"而且总是会在下午加餐时把最大的一块蛋糕递给他。这些事实是骗不了人的！除此之外，他还有一个干妈。维克图瓦对她的爱如对亲生母亲一般。不幸的是干妈腹中的胎儿流产了，而维克图瓦原本是要成为这个孩子的干哥哥的。这一打击无疑唤起了维克图瓦对逝去外婆的情感。

更严重的是，维克图瓦的母亲在和他父亲离婚后便同另一个男人"重新开始了生活"。这个男人的妻子前不久在一场车祸中丧生，留下了一个比维克图瓦小两岁的男孩埃卢瓦。这个小男孩奇迹般地在几乎一半沉入水中的车架间幸存了下来，全身满是母亲的鲜血。于是埃卢瓦从此跟着父亲生活，也跟维克图瓦和埃娃一起生活。

我欣慰地看到，尽管遭遇诸多不幸，维克图瓦的状况日趋好转。证据就是：现在的他认真关注着家庭中发生的每一件事。他同意接纳埃卢瓦一起生活，但前提条件是自己的生活不受干扰。这一让步的代价便是大家必须承认：他还是家里最得宠的孩子。姐姐对维克图瓦来说并不构成什么威胁，因为长期以来外婆也不怎么喜欢她；但作为"新成员"，埃卢瓦必须遵守家庭中的既定规则。除此之外，维克图瓦竭尽全力地维护自己的地位：他利用一切机会"教训"这个"入侵者"，撕坏姐姐的画画习作，因为只有他自己才可以画画……他将把它献给自己的外婆。

我曾多次发现家族往昔中的其他因素也具有区分功能，造成父母有意无意的偏爱态度。和某个孩子的出生密切相关的幸福记忆可以成为造成手足之间激烈竞争的主要原因。以下这个颇为有趣的病例就触及了上述问题。

安德鲁的父母很年轻时就彼此认识了，那是一段颇为轻狂的青春岁月。他们结识于澳大利亚，并在这片遥远的土地上孕育了第一个孩子。在妻子生产几周前，他们回到了法国。这一年在澳大利亚沙漠中的美好记忆永远地刻印在夫妻俩的脑海里，并在每一次家庭闲聊中被反复提及。于是，安德鲁在家里被看作是个"澳大利亚小孩"，尽管他在这个国度时还在娘胎里。

几年后，顺其自然地，这个家庭伴随着二女儿在法国的出生而逐渐扩大。随着小姑娘渐渐长大，她对哥哥表现出极其强烈的妒忌，为自己没能参与这一以哥哥为故事主角的"家庭冒险"而愤怒不已。当她生气的时候，她就鄙视地称呼哥哥为"澳洲佬"。她讨厌乘飞机。因为据她所说："在飞机里，我们有可能碰见澳大利亚来的孩子。"更为严重的是，与此同时她渐渐发展出一种出行恐惧症，拒绝乘坐公交车和汽车。于是，她要求父母骑自行车送自己上学。

因此，这种手足间的竞争关系建立于某个孩子承载了一段重要的家庭往昔，而另一个孩子却只拥有平淡无味的生活记忆。小女孩自觉出生在极其普通的情况之下，哥哥的出生却那么非比寻常。然而，某些线索使我坚信小女孩的嫉妒情绪会随着时间逐渐减弱，会变得不再那么令父母和哥哥头疼。她挑选了一只长毛绒袋鼠玩具作为过渡对象。当她坐在父亲自行车的后架时，每次自行车越过设置在路面上的减速带时，她都会随之腾空而起，然后说："我也是一只袋鼠！"

我十分重视那些"不足为外人道也"的家庭往昔所包含的情感重量，强烈反对父母向孩子讲述这些"以前的生活"。其实，父母只需注意处理讲述每个故事的平衡关系，使得每个孩子都无一例外地感到自己被包含在家族往昔中即可。有必要的话，父母甚至可以对过往记忆稍做修饰，以便赋予一个平淡的故事以生动的转折。一般而言，老幺们往往会对哥哥姐姐还在家里当着小霸王的生活格外痴迷。正是在此基础上，他们展开比较和区分。这些过往信息也会使他们觉得自己不具备和哥哥姐姐同样的魅力筹码。

在所有可能扰乱手足关系的家庭秘密中，我们必须提到那些借助医疗辅助技术完成生育的那些事。如老大借助体外人工受精而孕育，却奇迹般地治愈了母亲的不孕不育症。那么自然而然地，老二便出生了。

每当我想到这个小男孩的故事，就忍不住笑了出来。他走进了我的办公室，对我说他不是爸爸妈妈的儿子。他言之凿凿的同时，眼睛却狠狠地盯着弟弟。他总是折磨弟弟，同时又觉得自己是随随便便地就摊上了这样的父母。他承认妈妈的确是亲生母亲，而爸爸只是一位"精子先生"。其实男孩的身份不存在任何争议，甚至负责治疗他的心理医生也经常向他如是说明。是的，这个孩子是通过体外受精技术孕育而成的。他的父母曾自以为将此事恰当地向孩子做出了详细解释，以使他清楚这项医疗技术，但也许有点太早了。

对孩子来说，了解自己的故事总是有益的，但讲述的方式要简单易懂，且要当孩子的理解力达到一定阶段后再进行。对于体外受精这一话题，依据经验来看，还是等到孩子十至十一岁的时候再说为宜。

在父母（有时是祖父母）向孩子们讲述的故事中，通过体外受精孕育的老大可以被描述成科学的"胜利者"，也可以被称为"人造哥哥"或"人造姐姐"。一切既取决于词语的选择，也由实施的教育行为而决定。如果承载着全家人希望的老大被过分保护的话，老二会觉得被家人忽视，因为自己没有得到如此的关注。

有时候，父母的这些故事可能会产生一些连他们本人都不太明白的身份认同参照。对老幺来说，老大就成了他的参考对象。出于情感平等原则，老幺便要求自己获得相同的待遇。

当露的父母走进我办公室的那刻，我便认出了他们。十年前，我曾治疗过他们的儿子贝特朗的严重睡眠问题。而出于同样的原因，这次夫妻俩带着小女儿露来寻求我的帮助。

八岁半的露经常做噩梦。几乎每个晚上，她都梦见一个凶神恶煞、双眼通红的巫婆。为了让自己不那么害怕，她就躲到父母的床上，紧挨着妈妈睡觉。然而，几周后，露便拒绝在自己的房间睡觉，要求直接和爸爸妈妈睡在一起。她说，在父母的卧室里，"那个巫婆就不来了"。

在跟小姑娘的父母聊了几句后，我与露进行了单独沟通。我直奔主题：在我看来，她的到来是为了让我帮助她不用再和母亲一起睡觉。她表现出的极端情绪让我有些吃惊：她满含热泪，在啜泣的间隙向我解释说自己的哥哥也曾有过睡眠方面的问题。

当父母一走进办公室，露便立刻抹去泪水。但妈妈还是发现她哭了。于是，露解释说，是因为我不让她跟妈妈睡觉。对于母亲的疑问，我的回答很简单：既然贝特朗通过我的方法治愈了睡眠问题，为什么对露就不可能有效呢？此外，我还给她的父亲提了个建议，每当她晚上惊醒时前来安抚她（因为，大家都知道，那些巫婆非常害怕爸爸！）。露和父母离开了我的办公室。对这个方法，他们决定试一试。结果显然是好的，因为此后我再也没有见过他们。

事实上，受到一种兄妹竞争关系的影响，露表现出一种与哥哥相同的症状。这个活力充沛、聪明机灵的小姑娘觉得妈妈更喜欢哥哥，因为当哥哥有睡眠问题的时候，他总是和妈妈一起睡，而那时自己尚未出生。因此，每当想到妈妈没有同样认真地照顾自己时，露都觉得十分难受。

令人失望的计划

父母都很清楚，每个孩子从出生起就是不一样的个体。他们外貌各异，身高、体重、头型、发量都不相同。父母经常借助这些外在表现来预测小宝宝会长成怎样的一个孩子。除此之外，新生儿都有着不同的脾气秉性：有些孩子更讨人喜欢，吃饭、睡觉十分规律，经常微笑，很少哭闹，咿咿呀呀发出声音使爸爸妈妈开心不已。总之，照顾这样的孩子要轻松不少。那么，维系孩子与父母，特别是与母亲之间的情感依恋也有所改变。母爱并非天性使然；面对不同的孩子，母爱的表现也会有所差异，许多因素在其中起了重要作用。

分娩是最为关键的一环。如母亲遭遇难产，虽然在分娩历程之后的短暂时期内，母婴初次相见时自然迸发的种种情感极为重要，但这分娩之苦会使她或多或少地在脑海中留下一些灰色记忆，并将在相当长的时期内干扰良好亲子关系的建立。

众多医学研究对这种现象予以佐证，并推动医院建立相关部门，收治出现早期亲子相处障碍的母亲和孩子。当看到自己的孩子与孕期中想象的形象差距较大时，或当母亲遭遇情感打击，如婚姻破裂或亲人离世等，都会频繁导致亲子相处障碍。只有陪伴在孩子身边的点滴时光才能帮助母亲重拾母性的种种特质。

几年来，许多研究其实都已证明：婴儿善于运用诱惑之术。他们借助某些表情和姿势释放魅力，将母亲融化于他们无限的柔情之中。只需一个事例便可印证上述结论：出生仅几分钟的新生儿爬向母亲乳房的动作和蜷缩在母亲怀中的方式不言而喻地表明，他（她）爱自己母亲，将她作为自己唯一的依靠。当母亲本能地爱抚着孩子，在他（她）耳边呢喃着最初的温柔言语，孩子高兴极了，转过头注视着母亲，发出一阵咯咯声，或轻轻的叹息，甚至做出一个鬼脸，母亲便立刻将此理解为孩子朝自己微笑了。笑其实是人类在生命之初便具备的本能。

然而，当今所有精神分析学对此的研究都指出，母婴之间最初的互动交流其实建立在一种误解上：孩子的行为或多或少地出自本能，却被母亲解读为是情感的表达。亲子关系形成的根本，首先建立于肌肤间的触摸和眼神的交流。长久以来，我们就知道孩子会被人脸所吸引，尤其会密切注视着别人的眼睛。

美国著名心理学家、精神分析学家勒内·史皮哲的研究表明，孩子为了实现自我成长，需要依附于另一个人而生存，其主要依附对象便是母亲。这样的依附关系是天生的，它使婴儿本能地对母亲或父亲的激励做出充分回应。只有和谐的沟通交流才能对亲子关系起到良好的调节作用，即人们所说的完美"调音"。这种联结的建立需要循序渐进，且同时伴随着高峰与低谷，如孩子有时发脾气，不回应母亲；也有时因为母亲被生活的烦恼所纠缠或心情不佳，表现得心不在焉。这时周围的人，尤其是丈夫需要过来协助妻子。另外，为什么不尝试一下跟妻子换个班呢？

每一对母子都是他们情感关系的主人：双方的个性和孩子出生时的周遭状况赋予了每对母子特有的亲子关系。每一个孩子的出生都给家庭带来不同的影响，每段亲子关系也各不相同，或亲或疏，或近或远。也正是这一原因，在孩子降生的头几个月里，父母的某些偏爱态度开始显现。有时当孩子紧张不安，或在母亲怀里感到不适而昼夜不停地啼哭时，孩子与父母之间的"调音"过程就变得不那么和谐了。随着时间的推移，这种关系可能会逐渐改善，也或者相反，对于双方而言始终不尽如人意。

孩子的性别有时会成为影响"调音"过程的根源。原本期望生育一儿一女的父母面对第二个女儿或儿子的出生会感到沮丧失望。在某些案例中，甚至还有连续生了六个女儿或五个儿子的"悲惨连环事故"。于是，父母会将自己的期待付诸行动。因此，我们发现某个女孩子不管是在品味还是在选择方面都充满了十足的阳刚之气，某个男孩子则带有女性的阴柔特质。为什么这个孩子会和其他的兄弟姐妹们迥然不同呢？我解释为父母内心期待的潜意识转移：虽然父母好像有意识地接受了孩子的性别事实，但在孩子的童年成长中，他们的教育方式并非完全符合孩子的性别要求。因此，跟其他兄弟姐妹相比，这个孩子会对某些记忆进行不同的捕捉和解读。这些故事可能伴随孩子的一生，导致其成年后还是个"伪娘"或"假小子"。

恰当处理偏爱

手足间的嫉妒建立在父母对每个孩子的比较上。学习成绩仍然是评判的主要标准之一，但却并非最具干扰的因素。在我看来，以孩子长相进行比较才更具破坏性。原因有二：第一，每个人就是自己原本的样子，除非借助整形手术，我们无法对外貌做任何改变。

但学习成绩则不然，它由每个人的主观意志决定；第二，对外貌的评价实际暗含了对其出身的思考。对自己来自何处的种种追问，是每个孩子完成心理构建过程的重要一步。孩子会在某一天产生这样的迷惑：我从何而来？我是否是父母亲生的？几乎所有孩子都曾幻想过同样的小说情节：自己是国王的儿子或女儿，只是生活在一个寄宿家庭而已。

因此，一些无关痛痒，无意为之的评论会引起孩子的猜疑。例如，当父母仅仅是提及某个孩子的漂亮发质或特别的瞳孔颜色时，那个没有这些外貌特点的孩子便会立即产生疑问：自己真的是这个家庭中的一分子吗？自己是不是一个被人捡回的零件？这些疑问解释了为什么孩子感到自己与父母之间产生了一种在其他孩子中不存在的隔阂现象。是否因为自己不是父母的孩子，所以才没有其他人那样得宠呢？或者，是否因为自己不是爸爸的孩子，所以妈妈才会对自己不那么严格要求呢？这个处于困惑中的小男孩或小女孩不断地思忖着，而其他孩子也同样如此：究竟，为什么他（她）和大家相比是如此的不同呢？

我建议父亲、母亲，甚至祖父母们不要畏惧观察，试着找出子女（或孙辈）中和自己最相近的孩子。完成这一步骤后，他们应该付出更多的努力去接近那个与自己相似度最远的孩子。其实，为人父母并不是意味着和那个满足自己所有期待的孩子优先建立强烈的身份认同关系，而是付出努力去认同那个自己并不十分满意的孩子。是的，我确实说的是"努力"，因为这需要坚定的意志力。此外，还有一点至关重要：夫妻两人都应该做到平等对待每个孩子，付出同样的爱与关心。比起给予孩子们一种集体式的抚养与关爱，倒不如一对一地建立起亲密关系。因为在"集体"交往中，那个与父母最为相似的孩子总会和父母产生追捧和拥护的关系；而在一对一的亲子接触中，即使充满了火药味，这种关系也是一种亲密的关系。我发现，当父母与某个孩子围绕一项娱乐活动独处一段时间后，孩子会感到自己被认可，父母也会在孩子身上发现之前他们从未察觉到的品质。

当父母和那个最难相处的孩子发生争执时，也没什么大不了；这样的矛盾冲突恰好证明了父母对孩子并没有漠不关心，置之不理。关键在于，父母处理这些争执时，必须将最受宠的孩子排除于视线之外。否则，这个父母跟前的"红人"便会成为证人，始终指证着那个最不受宠的孩子。

玛丽是一家三姐弟中的长女。十四岁的她聪明伶俐，但总是稍显忧伤。她难以适应姐姐的角色，总和弟弟妹妹发生争执。父亲认为玛丽的行为没什么异常，因为自己像她那么大的时候就是"如此"；母亲则不同意这个观点，因为她那个时候并非"如此"。当我询问弟弟和妹妹觉得自己最像谁的时候，他们都认为自己是结合了父母双方性格的混合体。玛丽则笃定地认为自己和父亲很像。正处于青春期"俄狄浦斯情结"二次爆发阶段的她更有理由这样认为：父亲和自己如此相似，而且自己那样深爱着父亲。因此，玛丽总是试图排挤母亲，而获得父亲的关注。她努力变得更加谨言慎行，因为这是自己和父亲共同的性格特征，以至于渐渐变得孤僻抑郁。也许玛丽同样也面临着自尊心缺失的苦恼。

心理剧疗法中角色扮演的种种技巧可以帮助这个青春期少女在分别以父母为身份认同对象时获得一种恰当的平衡。就这样，她开始模仿母亲的种种言行。事实上，玛丽与弟弟妹妹的相处障碍，是因为她觉得他们都能顺利地同时以父母的形象完成自身身份认知，而自己却没能做到。

遭遇冷落的孩子

社会现状时常提醒我们，在某些多子女家庭中依然存在个别遭遇冷落的孩子。他们的出生经常同一起悲剧事件紧密相连，如父母的离异或亲人的离世等。这些孩子于是成为这种情感转移的受害者，他们的存在被认为是造成家庭不幸的根源。这种情况经常发生在那些为了挽救濒临破裂的夫妻关系而被带到这个世界的孩子们身上，他们却没能完成这一"任务"，这些孩子的存在反而时刻提醒着父母这段失败的情感经历。

自从有了个小弟弟，七岁的辛西娅总是黏在妈妈身边，做她的小跟屁虫。她的行为举止像个小宝宝。正是出于这两个原因，她出现在我的办公室里。我发现这个小姑娘的心智发育严重落后于该年龄段的其他孩子。但由于持续接受矫音训练，她的语言水平正常。她也很喜欢画漂亮的图画，使用很多的色彩来描绘花朵和太阳。弟弟陪辛西娅一同来的，他对周围的一切感到十分自在。另外，他还问我是否有糖果可以分给姐姐和自己吃。在我与辛西娅的独处谈话中，小女孩告诉我："他（弟弟）出生前，大家都很好。我希望他快快长大，他太讨人厌了。"

辛西娅的故事远非简单的姐弟矛盾。母亲向我坦白道，女儿的出生确实使她感到沮丧，因为当时她的婚姻关系存在很大问题。母亲承认自己经常对女儿动手，或剧烈地摇晃她。每当辛西娅表现得过于依赖自己时，她就会在女儿的屁股上拍一下，对她说："现在，够了！"

实际上，尽管母亲对女儿的行为无法忍受，但辛西娅仍然希望黏着妈妈。因为她害怕自己因弟弟而被抛弃。

遭遇冷落的孩子自然也会卷入因父母的情感分配不均而造成的手足竞争中。

只有当孩子中的某一个被父母教训时，手足间才会出现难得一见的"团结"。甚至，这个挨打的孩子有时会使兄弟姐妹感到痛心不已。但是，在更多情况下，他（她）承受着兄弟姐妹的漠然态度，因为其他孩子会习惯性地选择和父母站在一条战线上以防自己遭遇同样的下场。然而也可能出现自认为更强壮的大哥哥，跳出来保护弟弟妹妹，同"坏"父母抗衡。

在挨打的孩子看来，通常情况下，他（她）知道自己指望不上兄弟姐妹的帮助，这几乎无一例外地导致了手足关系的裂痕。此外，当他（她）离家居住后，几乎永远也不想再次见到自己的兄弟姐妹，因为这对他（她）来说是一段伤心的过往记忆。甚至，例如一个女孩揭发父亲曾对自己实施乱伦性骚扰，家中年纪最大的孩子，特别是男孩的反应往往显得十分模棱两可和自相矛盾，非事件当事人的其他孩子会对女孩产生强烈的怨恨，因为是她害父母受到"牵连"，而母亲在这类事件中通常扮演同谋的角色。其他孩子会将这个女孩视作手足关系好坏与否的关键人物，以及家庭关系破裂的主要责任人。

遗产与情感

当孩子们在父母平等的爱护下共同度过童年，甚至经历了一部分成年生活后，双亲的去世再一次将手足关系推到了风口浪尖。分配遗产和遗物的时刻到来了。这往往显得格外棘手。

即使家庭关系井然有序，即使每个孩子都能良好地控制自己的情感与竞争，即使所有的事件参与者都具备足够成熟的心智，为什么遗产继承仍然是一件颇为复杂的事情呢？父母的死亡，尤其是他们留下的关于财产转让的书面材料，重新燃起了孩子们自童年以来尘封的所有昔日恐惧的火苗：自己是不是父母最喜欢的孩子呢？谁才是父母最偏爱的孩子呢？……即使在相处最为融洽的手足关系中，即使在一切事务都得到最平衡的协调解决的家庭中，这个问题仍然被摆在那里，始终是压力与苦恼的温床。

宣读遗书是一个极具冲突性与戏剧性的时刻。这也许是父母在其往生之后，对子女们发出的最后一次爱的呼唤，因为他们已经不可能再表达任何感情了。每个孩子此时都在暗自思忖自己是否得到了父母公正的评价。那些藏在心里一直未敢对父母说的话，如今也终究说不出来了。因此，人们便进入了一个陷阱："我还没有彻底对你说清楚我对你的感情。也许，尽管我沉默无言，你还是了解了我的心，你在遗书中指明分给我的部分就是最好的证明。然而，也许你并不了解我，你更喜欢另一个孩子，他曾对你表白自己的爱。"一件件最微乎其微的小物件都成为传递这一信息的载体。在公证处，遗书中的每个词语都被反复推敲，被解读为一种认可，或是一种制裁。

就像所有古典悲剧中的情节那样，遗产分配的时刻便是一个家族史的终结。一直以来，尽管内部始终暗流涌动，却在顷刻之间，这些家族过往都以更糟糕的方式结束了。所有为了假装手足间一团和气的努力和妥协都在这一刻灰飞烟灭。父母的离世使每个人说出自己长久以来压抑的心声，如"虽然你是我兄弟，但我真的受不了你"。如今，尘封已久的暴力倾向再一次被激发，每一个无足轻重的物品的分配都有可能成为一场战争的导火索。这也就是为什么那么多矛盾冲突都来源于点滴小事：我们每个人都清楚，所有这些都隐藏了另一个秘密。

子女们的手足关系在父母死后而分崩离析，难道父母们就一点罪过也没有吗？有时他们的态度就如同本丢·彼拉特[①]一般：他们洗净了双手，嘲笑着孩子们在自己往生后的未来。有时，他们甚至利用遗产的分配来实现自己的目的。例如，父母将遗产的一部分赠予他们的某个孙子，这也就是用一种委婉的态度表明他们更偏爱子女中的某一个，故指定其儿子继承遗物。那么其他子女和孙辈就

---

① 本丢·彼拉特（Ponce Pilate），犹太巡抚，因祭司长等坚持要处死耶稣，他便让人端盆水来洗手，表示对此事不负责任。——译者注

或多或少地在经济上被剥夺了继承地位，而在情感上则完全被排除在外，因此被置于一种遭人抛弃的境地。此外，故意将某个孩子梦寐以求的东西赠予另一个孩子，这一做法同样出于上述目的。

某些遗赠也是父母去世后进行报复和声讨的方式。一天，一位朋友向我讲述了这样的一个故事：这位朋友的父亲去世后把自己在某次帆船竞赛中赢得的奖杯留给了女儿，即朋友的姐妹。这个对女儿来说不知该如何处置的奖杯却是酷爱帆船运动的朋友梦寐以求之物。他期望保留这个奖杯，以保留对曾无限崇拜的父亲的怀念。朋友不能理解父亲的做法，因为自己对他有着那样深厚的情感。实际上，我认为朋友父亲的这一举动就是一个简单的报复行为：父亲本人已经不能再驾驶帆船出海了，仍然活在这个世上的儿子却还能在南法的卡西斯海湾中扬帆。父亲以此报复了儿子。

5

青春期孩子的手足关系

"傻蛋""低能儿""没脑子"……这些都是处于青春期的孩子与兄弟姐妹相互称呼时使用的"昵称"，我只能从中勉强选出几个没那么不雅的词语。在这个年龄段，孩子们之间的冲突多围绕领地问题展开，例如，首先房间是不可侵犯的私人领地；其次是物品，包括衣服、钢笔、自行车或滑轮鞋等；不经同意地借走、损害或损毁物品都是不能容忍的行为。争执、拌嘴、摔门和拳脚相向对这个年纪的孩子来说都是家常便饭。我甚至认为，这些行为都是必要的。青少年一方面对自己的身体感到不自信，另一方面又在追寻长大成人的身份标志，这使得他们对待家人的态度也极其令人厌恶。弟弟妹妹们自然也逃脱不了忍受他们坏脾气的厄运。我经常接触到一些被孩子们的争吵和打闹折磨得几近崩溃的父母，现实已将他们对家庭生活的美好憧憬彻底粉碎了。

一无是处的老幺

请父母们放心，这些困扰只是家庭生活中偶遇的暴风雨。在大多数案例中，大家都会毫发无损地度过这场考验。青春期前，孩子们丝毫察觉不到父母的衰老；而此后，他们突然意识到了这一点。

这些"老古董们"自然无法理解孩子的想法，因为他们代表着年轻的一代。

青春期是孩子在心理需求的驱使下产生摆脱童年、离开他们认为一无是处的父母的一个成长阶段。当然，青春期孩子的"首要"攻击对象便是父母对子女的教育行为。这个年龄的孩子认为父母在教育弟弟妹妹时都是些蹩脚的教育家，而足够成熟的自己则能够攻克这些难题。对此青春期孩子与父母极易产生冲突。父母也在不断调整自己的方式方法。我还没有见过任何一对觉得自己在教育方面无可指摘的父母。所有的父母都会在某一天突然反省自己的行为是否得当，是否为孩子们做出了正确的决定。而在步入青春期的老大看来，老幺正饱受这些错误教育的折磨，成了一个被全家宠坏了的孩子，拥有一切特权。"再没有另一块像他这样总黏着父母的狗皮膏药了"，而且还爱打小报告，总是迫不及待地向父母汇报一些他们根本不该知道的事情。

虽说以上这些论断显得太过夸张，有抹黑之嫌，但确实包含了一部分的真相情况。事实上，老幺丝毫没有意识到哥哥已经长大了，正经历一段对独立需求日益增长的心理阶段。他仍然希望哥哥能继续跟自己玩耍，带自己去看电影或辅导自己做功课。这一愿望只得到了那个青春期少年的消极回应，他不是长时间地打电子游戏，就是瘫坐在一档青少年动漫影片前。

可怜的老幺啊！其实，青春期孩子最无法忍受弟弟妹妹的地方便是他们还是个孩子，而这正是自己拼尽全力，即使伤痕累累也要挣脱的身份。父母对其他孩子的亲吻与爱抚都会将他激怒。他一方面将父母拒之千里，另一方面又为此感到失落。其实，他多么想蜷在母亲的怀里，或像以前一样和父亲乱喊乱叫；然而现在的他，看着自己长长的双臂和双腿，觉得那是件"丢人"的事情。这样的想法实则透露青春期孩子的内心，并非像他表面上努力维持的大孩子形象一样。除此之外，性征发育又一次激活了他的"俄狄浦斯情结"，他无法忍受弟弟妹妹们同自己有着相似的烦恼。

在老大与老幺之间，嫉妒是相互的：前者认为父母更爱弟弟或妹妹；后者则羡慕哥哥姐姐享有最大的自由空间。如果孩子觉得自己从来都是兄弟姐妹中最不受宠的那个，那么青春期可能加剧他（她）与其他家庭成员间的矛盾，使手足战争一触即发。然而老幺在哥哥姐姐的眼中还是有点用处的：当父母把主要精力放在照顾小孩子时，他们便会拥有更多的自由空间。甚至，时不时地，弟弟妹妹也会成为他们开开玩笑和消遣娱乐的对象。

父母，调停者

我承认，作为正值青春期孩子的父母需要极大的克己精神。其实，父母往往是子女间紧张关系的第一受害者。也正因为如此，他们在处理子女间手足冲突的过程中所扮演的仲裁者角色显得至关重要：重视对话、避免行使家长权威才是根本。对于前来问诊的家长，我总是建议他们保留立场，不要让孩子们感觉到父母总是习惯性地偏袒年纪最小的孩子。同时，我也建议他们注意遣词造句，不要使用那些具有杀伤力的只言片语。那样一来往往使孩子产生负罪感，加剧沮丧情绪，对矛盾双方无疑是火上浇油。利用羞耻心理来教育孩子同样十分危险。除了耐心地聆听每个孩子的个人陈述，指出每个孩子的过失之外，父母们别无选择。其实，最理想的状态便是鼓励孩子培养独立解决争端的能力，长此下去将使全家人受益。

应该注意避免让青春期的孩子产生一无是处的挫败感，尤其当其他孩子能够平静且快乐地度过这段时期时，这一挫败感会格外明显。父母的角色类似一位调停者，帮助每一个人说出自己的感受，找出引起争吵的真实原因。调停者既不能选边站，也不能放弃对青春期孩子的关心，即使这孩子是如此冥顽不灵。要挟永远不是一种教育手段，尤其在它涉及情感领域的时候。

青少年工会

我无意描绘一幅青春期手足间喧闹不休的黑暗图景。幸好，那些愤怒或仇恨的爆发仅仅是短暂的瞬间，除某些特别的病理原因，手足之间还是被那些积极的互帮关系所主导。在我看来，青春期给了每个人重新成为他人兄弟姐妹的"第二次机会"，因为从此以后每个家庭成员都共同分享着一段家庭过往经历。另外，我也发现这个阶段的手足关系正经历一段转变过程。孩子开始独立处理自己的时间，安排更多"不为别人，只为自己"的时刻。也因此，青少年和弟弟妹妹间产生的同盟关系悄然萌芽，父母则被排除在外。一方面因为父母总与自己的意见相左，另一方面老幺成为自己的心腹，知道父母整日为处于青春期的哥哥姐姐操心着什么。如此一来，孩子们几乎对彼此周六晚上的安排了如指掌。此外，哥哥或姐姐也经常是弟弟妹妹的启蒙者，甚至是知心密友和模范榜样。

手足关系的亲疏还可能取决于孩子们之间年龄的接近程度。当老幺刚刚步入青春期，而老大正处中间阶段时，由于两人都有着相似的成长困扰，便能轻而易举地拉近彼此的距离。我常常发现处于青春期的同性手足之间的默契程度更加突出：姐妹们彼此交换女生的小故事，男孩们互相夸耀自己的战绩。然而，孩子间的融洽相处并不一定促成亲子关系的改善，因为父母会经常感到自己正面对一个满怀热忱展开维权斗争的"孩子工会"。这种情况下，团结是这个组织的第一守则：若一方有难，另一方需要给予支援，尤其是在父母实施惩罚教育时，岔开话题，结束暴风骤雨般的说教，哪怕只是片刻也好。

我曾多次注意到这一现象：在经历数年吵闹不休的日子后，孩子们的手足关系正是在青春期得到了明显改善。这一点需要特别指出，也算是这段成长混乱期所带来的一个积极效果吧。

老幺：特权分子

虽然年纪相差三到五岁的兄弟姐妹总是矛盾重重，我却经常遇到处于青春期却能与老幺们相处极其融洽的孩子。在这种特殊的手足关系中，他们成了对弟弟妹妹关心备至的"小父母"。

十七岁的马蒂亚斯和十五岁的斯特凡纳有一个五岁的弟弟若阿内。老大、老二经常发生激烈争执，时常拳脚相向。但若阿内却从不掺和哥哥们的战争，活在自己的小世界里，仍然紧紧跟在母亲身边。进入青春期的斯特凡纳有些嫉妒弟弟，但自己一米七的大个子又让他不好意思再去妈妈怀里撒娇了。

马蒂亚斯学习成绩优秀，常常和母亲探讨文学和哲学。他十分喜欢这个最小的弟弟，会讲故事哄他睡觉，送他去上学，教他滑冰。若阿内也对大哥充满了钦佩，他说："以后，我想成为像他那样功课和滑雪都很厉害的人。"

面对老幺，处于青春期的孩子会被这小生命的脆弱而感化变得温柔起来，视其为需要保护的"小宝宝"。因此，只要老幺的要求不至于太过分，他都乐于将其护于自己的臂弯之下。年龄的差距减弱了手足间对父母情感的争夺，此时，青春期的孩子知道自己应该在家庭范围之外去寻找另一种爱——爱情。

可是，某些不被察觉的旧日伤痕会在青春期显现出来，一些"尘封"的童年往事会成为困扰孩子心理发育的阻碍。

马蒂厄来找我治疗是因为他正受到睡眠障碍的困扰。这个一点也不惧生的少年一踏进办公室便对我说："如果需要我把所有童年的故事都告诉你，这样才能让我睡个安稳觉的话，那我们有得聊了。"他的某些话语自然引起了我作为一名儿童精神科医生的警觉。而与他父母的交谈才真正使我明白了马蒂厄全部困扰的根源。

他有个妹妹叫维尔日妮。由于早产，她一出生就在医院住了一个多月。在这段时间，妈妈留在医院陪妹妹，将马蒂厄留给丈夫照顾。妹妹出院的日子正好是马蒂厄夏令营的开营日。表面看来，马蒂厄高高兴兴地出发了，然而他的旅程却并非那般美好。由于不能适应夏令营的生活，他提前回到家里。目前，马蒂厄很难适应初中的学习生活。对于学校太远而得在食堂吃饭，他充满了抱怨。

事实上，困扰马蒂厄的是一个永远也没有结痂的伤痕，其源头要追溯到妹妹出生的时候：当时他觉得自己被抛弃了。这种情绪在他动身出发去夏令营时，也就是在妹妹出院回家那天再一次爆发，且更加强烈。马蒂厄将自己两次遭遇"抛弃"的经历同学校生活联系了起来。他的睡眠问题就是每一次与家人分离而令他产生困扰的另一种表现形式。

对于马蒂厄这样一个聪明而敏感的孩子，他所遭遇的不过是一种再普遍不过的手足矛盾，并不需要复杂的辅助治疗。我向他推荐自我放松训练，建议他在家庭范围之外求助一个可以倾吐的对象来帮助自己协调手足关系。

比所有人做得更好

如果说，青春期的手足关系在家中表现得剑拔弩张，那么在某些方面，竞争关系却以更加积极的方式日渐凸显。经过了充满探索的童年阶段，青春期的孩子会逐渐找到一种占据自己大部分生活时间的娱乐活动。今天的青少年们个个都是运动健将，手足间的竞争也因此转移到了足球场的草坪上、柔道馆的地毯上以及滑雪场的赛道中。青春期的孩子热爱体育运动，通过竞技展开你追我赶，从而变得更加强壮，成为别人都不得不承认的强者。如果在一个家庭里，孩子们受父母一方的影响全部参与到同一种体育活动中，那么不管是在赛场上还是在家里，都会弥漫着竞争的硝烟。每个孩子都希望成为最强者，这既是对力量的渴望，同时也希望与父母比肩，像他们年轻时那样成为个中翘楚。那么为什么不做得比父母更好呢？竞争常常是激烈的。最差的那个总是最先放弃，转而找到另一项使自己脱颖而出的活动。

许多运动员世家正是在一种良性竞争的基础上产生的。我们耳熟能详的法国著名高山滑雪运动员戈瓦切尔姐妹就是如此，姐姐玛瑞勒和妹妹克莉丝汀曾多次在冬季奥林匹克运动会的高山滑雪赛道上为一枚枚金牌展开争夺。如今，在网球赛场上，美国的威廉姆斯姐妹异军突起。在体育方面，"兄弟连"更胜一筹，特别是在橄榄球运动中。我个人对以下几个体育世家充满了无限的敬佩：冈贝拉贝洛家族、斯潘盖洛家族、埃雷罗家族以及博尼费斯家族。每个家族都以出色的战绩被载入法国运动的史册。在这些家族成员中，我们自然不可能对每个人的表现个别评定，因为不管是在争球、开球还是传球中，每一个人都在竞技场中拥有一席之地。在这样的家庭关系中"不小心"诞生了一个女孩的话，她往往会嫁给一位比所有兄弟都更加强壮的防守后卫！

在埃雷罗家族里，我是这样称呼他们四兄弟的：老大德德是世界级橄榄球偶像，在法国国际橄榄球锦标赛对抗斯宾博克斯队的一局比赛中力挽狂澜取得胜利。这也是斯宾博克斯队遭遇的首次主场失利。德德在生活里扮演着多重角色，既是父亲，又是教练，同时还是球队顾问。他的队伍在法国科隆布迎战威尔士队的比赛中，面对博尼费斯兄弟的突围，德德指挥队员以制胜一球绝妙地结束了比赛。长期以来，德德都和弟弟达尼较量个没完，因为后者总是不断挑战着他的权威。此外，德德还有两个兄弟：有着诗人气质的西苏和我关系最近，他是家中的老幺；"老虎"贝尔也是世界橄榄球明星。我将他们视作家人，长久以来，与他们来往密切。

在博尼费斯家族中，也有一个叫德德的，其经历被历代橄榄球员奉为传奇。然而请注意，这并非是什么随随便便的奇闻逸事，而是昔日橄榄球的辉煌。那时，进攻技术与创造性要比守球而不丢球重要得多。德德的外形满足人们的一切想象：优雅、朴素，即使在进攻中也能保持优美的姿态，或许还带有一丝哀伤，这也许源自他和球迷们对弟弟居伊的思念。居伊在元旦那天死于一场交通事故，从此在这个世界上"博尼兄弟"便有了缺失。丹尼斯·拉拉纳曾这样说道："博尼费斯兄弟中最优秀的那个人是没有拿球的人。"我记得他们兄弟间的传球、剧烈的奔跑、居伊的短袜子，以及德德敏捷的身手和突围的速度。我对居伊的印象既停留在他一次次传球成功的杰出球技上，也停留在那些失败的传球、抱腿、混乱中的争抢，甚至是丢球的记忆里。

兄弟二人昔日共同奋战于球场之上，如今却阴阳相隔。他们的传奇经历正代表了橄榄球运动的精髓：这是一项跨越三代人的、历史性的，却又充满人性的运动。祖父曾参与其中，儿子正参与其中，孙子将参与其中。

居伊性格善变、易怒、好赌、急躁，敢于冒险，且身手矫捷。我认为他的种种表现都是企图与那个有着诗人般美好形象、被奉为进攻和传球之王的哥哥相抗衡的原因。两个人并肩作战，同样优秀，却又各自不同。

再说埃雷罗家族中的两个女孩，她们再自然不过地嫁给了橄榄球员。这很符合逻辑，因为这家的男男女女是我认识的最善于发掘未来伴侣的伯乐。

处于青春期的异性手足，其中一人的朋友们常不同程度地与另一人有所交集。这个阶段的孩子希望结识家庭以外的人，找到自己的心灵伴侣，每次朋友间的碰面自然都成了检验自身魅力的最佳机会。好感度，有时还有亮眼的外形是每个人选择伴侣的主要参考。兄弟或姐妹的在场证明更加不会引起父母对此类聚会的好奇心，也不会惊讶这群或那群朋友经常上门拜访。

若青少年最初的几段恋爱经历都是同兄弟的男性朋友或姐妹的女性朋友展开的，那么最后选择兄弟姐妹的朋友成为人生伴侣也就不是什么稀罕之事了。在我看来，这样的选择带有些许乱伦的味道。它实际上代表了对于手足性禁忌的一种臆想转移："我不能和姐妹或弟兄发生那种关系，但我的好兄弟或好闺蜜总可以吧。"

女孩积极地向兄弟的朋友表示好感，男孩则对姐妹的女性朋友展开追求，也为手足间发生同性恋情的可能性提供了理想的屏障。实际上，追求恋爱悸动的青春期少男少女们会经历一个双性恋倾向阶段，此时闺蜜或哥儿们因与她（他）拥有同样强烈的情感共鸣而扮演着重要角色。而当与异性坠入爱河时，青春期少男少女随即也证明了自己不会与朋友产生同性恋情。

对夫妻结合形态的研究表明，即使不至于和自己兄弟或姐妹的朋友步入婚姻殿堂，个体通常选择的伴侣都与自己的某个家庭成员有诸多共同点，尤其是与兄弟或姐妹有着相似之处。这常常表现为外形相像或性格和名字相似，或者有着类似的文艺和体育爱好等。那么男孩陆续同一对姐妹俩交往，或女孩相继爱上两兄弟，就没什么可大惊小怪的了。事实上，夫妻二人与彼此的手足间毫无相似之处才更为罕见。此外，对如何选择伴侣而展开的社会学研究表明，像过去一样，伴侣的选择往往依据彼此的社会身份和文化层次。

一损俱损的手足关系

在从医生涯中，我曾多次注意到另一个将青春期手足聚集在一起的怪异现象：在这个阶段，一个孩子生病常常会给其他兄弟姐妹带来不小的影响。

正处于青春期的爱德华总是出现急性发热的症状，这是该年龄段较为频发的一种严重身体代谢失调症状。才十七岁的他总是说自己身陷某个阴谋之中，这起阴谋的策划者们企图夺取他的性命。同时，他变得害怕各种细菌，不愿意脱衣服，也不愿意洗澡。哥哥和妹妹都被他的这种病态行为吓得不轻。在一次爱德华不在场的谈话中，他们向我透露了爱德华种种怪异行为的原因：他们的一个舅舅患有一种染色体遗传疾病——唐氏综合征。这个舅舅由他一位未曾育有子女的姐姐抚养长大。这使爱德华的哥哥和妹妹都觉得他们的家庭也笼罩在某种遗传病的威胁之下，爱德华表现出的种种症状正是对猜测的补充证明。此外，他们还向我咨询，有没有医疗检测手段可以检测自己是否是这种疾病的携带者。

青春期的孩子们似乎十分理解与自己年龄相近的兄弟姐妹，极少对诸如吸毒或离家出走等行为做出谴责。他们反而更难以接受兄弟姐妹中有人"头脑不正常"，或者性格有毛病。这个年龄阶段特有的心理脆弱总使他们感到恐惧，生怕某种心理状况的持续恶化会转变成精神疾病。

十六岁的加埃唐尝试了一次不可思议的自杀行为。未遂之后，我遇见了他。他的一条胳膊上布满了自己故意用烟头烧烫的伤疤，另一条胳膊上则是数条企图切割静脉和动脉的刀伤。此外，他还曾将木块塞入自己的肛门或生殖器里。加埃唐的妹妹感到十分害怕，尤其因为他们的家族早已数次笼罩在自杀的阴影中：一位奶奶曾跳河，另一位爷爷曾卧轨。就好像这个家族被一种狂躁抑郁症所诅咒。他们的家庭儿科医生也认同猜测，想要调查其中是否存在家族遗传病。

加埃唐的妹妹为自己感到恐惧，她的理由确实存在一定逻辑。她发现那位自杀的奶奶很晚才表现出抑郁症状，爷爷更晚。哥哥的自杀倾向重新引燃她的恐惧：会不会提前发病呢？十三岁的自己难道就不会遗传这种病吗？对我，她没有使用这样的字眼，而以一种更委婉的措辞问道："我的家庭没有问题吗？"

为了抚平她对于自己心理健康的担忧，我给她进行了一系列性格检查，结果表明一切都十分正常。

然而，其他某些更为频发的状况更加令人担忧，如某种上瘾性的饮食行为造成的机体紊乱。举例来说，两姐妹中一人有超重问题，另一人则患有厌食症。那个胖墩墩的妹妹减肥屡屡失败，十分嫉妒患厌食症的姐姐，觉得对方的"减肥计划"十分成功。尤其当姐姐与曾经也遭遇超重烦恼的母亲关系更为亲密时，这种嫉妒情绪显得更加强烈。因此，在两姐妹中产生了一种双重对立：体重超重的妹妹不仅不能容忍体态纤细的姐姐，更不能忍受在某种程度上，姐姐是减肥成功的妈妈的影子。

普遍而言，我认为，人们对于孩子中的一人受到厌食症困扰的现象并没有给予足够的关注，这种饮食问题会给孩子们造成严重的困扰。

我还记得与一个名叫卡丽娜的女孩的交谈。她的弟弟患有厌食症。卡丽娜坚信弟弟是由于受到了中学里某些同学的故意伤害才出表现了这种不正常的饮食行为。一项更加细致的分析表明，弟弟确实承受着某种伤害，但始作俑者正是姐姐。卡丽娜的攻击指向外人，其实是弟弟的厌食行为使她产生一种强烈的负罪感。

上述情况都说明，在制定治疗方案前，研究青春期患者的手足关系是多么重要，尤其当他（她）表现出某些主要症状，如饮食紊乱或因性格原因而导致的上瘾行为等。我常常看到，有暴力倾向、自杀企图或对学校生活产生恐惧心理的青少年，不论在家中排行第几，总会影响到其他兄弟姐妹。事实上，这正是青春期群体的一个特点：病态表现从不放过任何一个孩子。每一种疾病都同样危险，都应该得到相同的重视。

青春期成了抑郁症发病的温床。近 40% 的青少年认为自己某一天会选择自杀，甚至常常做出危险举动试图付诸实践。在这个年纪，孩子们不能适应学校生活：他们一直被要求遵守规定，满足家长和老师的期待；但他们的内心世界却不得安宁。内在的"极度混乱"和表象的极度平静常常使他们生活在深深的矛盾中。

当一个孩子出现心理问题时，其他孩子表现出的漠然态度可以被解读为是因为每个人从这种状况中各自"获利"。比如，一个孩子恐惧上学，那么父母就会更多地将关注点放在他（她）身上，不再像之前那样检查每个孩子的出勤或成绩，其他人便轻松了不少。虽然这种附加"利益"在情理上有待商榷，但确实是产生了效果。

对传染效应的恐慌

一个孩子的自杀行为会在家庭成员间激起不同的反应。对父母，这无疑是一场真正的悲剧。他们不仅承受着失去挚爱孩子的痛苦，还陷入巨大的恐慌之中，担心这场惨剧在其他孩子身上重演。对孩子们来说，兄弟或姐妹的自杀会使其他手足表现出自闭行为，却并不会让他们与父母感同身受，去分担困扰着父母的因罪恶感而造成的精神伤痛。老幺在大多数时间里要么选择一人独处，就好像自己是家里唯一的孩子那样；要么就紧紧跟着和自己最亲近的哥哥或姐姐。无论哪种情况，沉默笼罩着整个家庭。通常而言，大家都不会主动提及关于逝者的话题。

这一反应表明，每个孩子都是独一无二的，手足的离世增强了这种独特性。此外，其他孩子对于逝者的诸多疑问因每个孩子的性格不同而有所差异。年龄也是十分重要的因素：如果其他兄弟姐妹和自杀的那个孩子一样同处于青春期，那么这份沉默会更加压得人透不过气来，因为生者此时也经历着同样的抑郁苦闷，充满种种消极的想法，也曾以游戏人生的态度谈论自杀行为。他们清楚地知道是什么促使自己的手足做出了这种举动。

这份沉默加剧了父母的恐慌，害怕自杀倾向在孩子们之中会产生某种形式的传染。难道一个家还会遭遇其他自杀事件而被彻底摧毁吗？我怀疑人们总是把情况想得过于糟糕，认为一个孩子的自杀行为会引起另一个同年纪孩子的追随。尽管如此，我还是希望以此安慰父母：活着的青春期孩子不会产生一种加剧的自杀倾向。可能正相反，手足将自杀付诸行动的表现恰恰阻止了生者的模仿行为。在目睹了父母的痛苦后，孩子们更自觉背负了某种为他们而生存下去的责任。在一群经历过哥哥或姐姐的自杀事件的青春期孩子中，我们得到这样一份有趣的研究结果：诸如吸毒或酗酒等危险行为呈现降低的趋势。活着的孩子，通过他们的存在时时提醒父母想起那个死去的孩子；他们告诉父母："你们要提高警惕，不要让我们的家庭再承受其他的死亡了，发生过一次就够了。"

老幺无法想象父母二人在其手足的自杀事件中承担怎样的责任，父母则因深知自己对孩子的抚养责任而充满罪恶感。我认为，正处于青春期的生者其实颇为理解逝者的行为，父母则会穷尽其一生试图揭开这悲剧的根源。

如果在事件发生之前，手足间的争吵和矛盾多一些就好了，这样活着的孩子就不会因为与逝者的某一次争吵而留下深深的愧疚感。如果逝者能够明白手足间的种种嫉妒情绪是再正常不过的事，也许就不会遭此厄运了。事实上，大多数情况下，孩子们的相处并不融洽，也只有父母觉得孩子们一切正常吧。当事件发生后，父母将自己的罪恶感投射在孩子的身上，担心他们因为之前不太融洽的手足关系而自责。即使孩子们并非像父母认为的那样充满负罪感，这一事件仍然会给他们留下担忧和焦虑。因此，青春期的孩子总是害怕在未来的某一天，当自己为人父母时，也会经历相似的情况。

　　青少年自杀事件在手足中引起的震荡因孩子之间的年龄差距而有所不同。因此，对一个只有三四岁的小女孩来说，她无法理解十九岁的姐姐为什么要选择自杀。该对她解释些什么？姐姐自己选择了死亡吗？姐姐遭遇了一场意外吗？向她解释这一状况几乎是不可能的；然而，她能够感受到父母的悲伤，也会因此感受到痛苦。对于年龄较小的孩子，父母经常选择向他们隐瞒真相，而编造一个有一定可信度的意外事件来解释哥哥或姐姐的身故。随着时间的流逝，这个家庭秘密会变得越来越令人难以承受。我认为，当父母觉得最小的孩子具备足够的理解能力时，便可以吐露事件真相了。如果可能的话，父母应该尽量寻找合适的时机与孩子展开关于此问题的讨论。

　　当孩子日渐长大，父母的心头总是被同样的恐惧萦绕：等他到了哥哥的年纪，是否也会选择以自杀了结生命呢？父母对死去孩子的惦念常常使年幼的孩子将其视为偶像，自然地流露出崇拜之情。然而逝者既看不见也摸不着，这种不存在感会影响孩子的心理发育，使他在身份认知方面出现缺失。对于父母来说，他们要尽量克服把已逝的孩子加以过分夸张的想象，以至于使其完美无瑕到无人能及之地。这并非易事。因为如果不这样做，手足间正常的竞争或嫉妒都无法表达；在这场比较中，其他孩子总是处于弱势地位，自尊心可能受到严重的干扰，对未来成长构成危害。

如果其他孩子遭遇手足自杀事件时年纪已经不小了，这会相对减轻父母的担忧程度。事实上，这些年纪轻轻的成年人，即便同家庭成员保持较亲近的联系，此时的他们会更加关注自己家庭的建立。此外，即使自杀事件发生时他们仍然同父母住在一起，这一事件反而加速了他们对独立自主的渴望。此举并非懦弱的表现，他们只是想逃离这个对其幸福人生规划产生负面影响的原生家庭环境。

日渐独立

青春期对兄弟姐妹来说也是一个彼此分离的阶段。追求更高层次的学业、步入职业生涯都会使每个人过上近乎完全独立的生活。兄弟姐妹们平时很少相聚，只有在一些周末和节日的家庭聚会上才能碰面。通常而言，大家还是很乐于参加这样的聚会的。从此，嫉妒和竞争也几乎在家庭范围内销声匿迹了。比如，职业选择会使孩子们继续着你追我赶的竞争，除了其中某个孩子继承家族产业这一特殊状况外，手足间争夺的焦点已不再是父母爱谁多一点了。更普遍的情况是，那些选择展翅高飞的孩子并不后悔自己离家的选择。

随着岁月流逝，爱情相对于手足亲情占据了更为重要的地位。

然而兄弟姐妹间的感情不会就此停滞不前，因为在未来的某一天，小家庭会变成大家庭，陆续迎来连襟或妯娌等新关系成员。那么这就是另一个故事了……

成年，意味着掌控自己的思想、生活、情绪和情感。我认为，兄弟姐妹可以为彼此提供获取上述能力的重要支持。然而，我对另一件事情的态度同样坚定：不仅不能断言手足关系会给个人的心理建构和生活带来负面影响，而且还要看到在这其中起决定性作用的，归根到底还是自己。我们每个人并非和兄弟姐妹们一起成长为独立个体，而是得益于他们，通过与他们对抗或试图摆脱他们从而构建起自己的世界。为数众多的父母仍然沉迷于种种错觉，如："我们的孩子都是在同样的家庭氛围下一起长大的。"这个观点本身就立足于一个谬论。家庭不是一个微观的社会群体。如果认为以遗传因素进行群体划分，进而形成心理世界的内部运作机制，那就混淆了"遗传学"与"心理学"；同样也会错误地认为，相比于环境因素所起的作用，那些来自自然界和基因的因素对个人的表现力和理解力更具有不可撼动的主导地位。人类通过探索世界而逐渐成长，并非只是接受一个提前预设好某些相同的或家族遗传的染色体数据而形成的固定世界。

6

双胞胎，一种极端的手足关系

罗穆卢斯和瑞摩斯无疑是历史记载中最早的一对著名双胞胎兄弟。神与人并无差异，这对兄弟传奇般命运中最使一代又一代人印象深刻的便是一系列的手足竞争。可惜那时的罗马严重缺乏为那些与人类别无二样的诸神们提供救治的心理医疗救助中心。如果配合早期的心理治疗，这对双胞胎的命运也许就此改变。

一切都是从特洛伊古城开始的。埃涅和他的父亲安喀塞斯逃出了这座被希腊人攻占的城池。埃涅的妻子临终前将儿子托付给丈夫。这群特洛伊人随后乘船在茫茫大海中逃往他们的发源地——克里特岛。然而，他们并没有找到正确的航向。船在黑暗中迷了路，在埃涅的掌舵下，这群人实际驶向了古意大利城邦。而埃涅，安喀塞斯与维纳斯的儿子，却永远也没有等到靠岸的那天。他命丧于自己的姨妈——朱诺的雷电之下。朱诺虽与维纳斯是姐妹，却对她有着不共戴天的仇恨。在历经了无数暴风雨和艰难险阻后，埃涅的儿子阿斯卡尼成功靠岸，在罗马东南部阿尔班高山地区建立起阿尔巴国，并育有两子：长子努米托是王位继承人；次子阿穆里乌斯，他疯狂地嫉妒兄长的卓越才能和日后登上王座的特权。

父亲去世之后，阿穆里乌斯篡位，将努米托驱逐出境。为了不让自己的统治地位受到哥哥的唯一后代——侄女雷娅·西尔维亚的威胁，他让她做了一名贞女。依据当时的律法规定，贞女必须终身保持处女之身才有资格侍奉诸神之圣火。新国王确信，如此一来兄长一支的血脉就被彻底切断了。然而，他低估了火神玛尔斯的魅力。玛尔斯化身一名威猛的战士，点燃了美丽姑娘雷娅·西尔维亚心中的爱情之火。在她的堂姐，阿穆里乌斯最疼爱的女儿的帮助下，西尔维亚虽逃过一死，却必须将她尚未出世的孩子交给国王抚养。谁知西尔维亚产下一对双胞胎——罗穆卢斯和瑞摩斯。阿穆里乌斯自作自受，终尝苦果：他恐惧那个孩子的出世，然而玛尔斯超强的生育能力竟然带来了一对双胞胎。这两个孩子注定会因嫉妒互相厮杀，就像当初在祖辈之间引发的分裂一样。

国王下令将这对双胞胎放在一个篮子里，自台伯河顺流而下。尽管水流湍急，篮子还是被芦苇丛勾住了。玛尔斯不能眼看着自己的孩子们送死，出手施救，遣一头母狼前去喂养这两个孩子。一段时间后，这对双胞胎被一对无生育能力的牧羊人夫妇收养。对两个孩子的身世，牧羊人夫妇绝口不提，因为在科学技术和人工受精尚未发明之前，不孕不育始终被视为是来自上天的惩罚。因此在神的旨意下，还是保持缄默为好。

罗穆卢斯和瑞摩斯从小在树林里长大，同野兽嬉戏玩耍，驱赶偷猎牲口的盗贼。在一次追击中，瑞摩斯落入强盗之手，被带往了阿穆里乌斯的宫殿。国王不知道昔日那对双胞胎还活在人间，命人将其送给了努米托，即瑞摩斯的外公。努米托被这个年轻人散发出的贵族气质深深震撼。

罗穆卢斯因弟弟的失踪而寝食难安。牧羊人夫妇便向他吐露真相，说出他们并非亲生骨肉，让罗穆卢斯去找寻自己的兄弟瑞摩斯。如此一来，与两个外孙重聚的努米托老泪纵横。兄弟俩决定将篡权者阿穆里乌斯赶下王位。瑞摩斯杀死了篡位者，努米托又成了阿尔巴国的国王。然而兄弟俩深受无拘无束充满野性的童年生活影响，无法适应城市生活，总是不断制造麻烦。最终，他们决定离开阿尔巴国，建立自己的城邦。

罗穆卢斯和瑞摩斯就像当今生活在郊区的青少年。他们和小伙伴们一起在城市中心挑起各种事端，遭到城市的排斥后，无法找到发泄暴力倾向渠道的他们于是将这种倾向反作用于自身。他们剑不离手，就如同城里的青少年们把短刀当玩具一样，"指向"自己的兄弟、母亲，甚至外祖母。

新城邦的选址问题成了兄弟俩不断争执的根源。出于战术技巧的考虑，罗穆卢斯主张选择环绕台伯河平原的山丘地带；而瑞摩斯则倾向于土地肥沃的平原地带。最终抽签结果宣布了罗穆卢斯的胜利。他随即开始挖掘地基，逐步勾勒出未来罗马城的地界。然而，每当挖掘工作稍有进展，瑞摩斯便将地基填平。这是发生于双胞胎之间的一种典型行为。例如，当他们一起玩沙子时，一个孩子总是急于毁掉另一个刚刚堆起的城堡。气急败坏的罗穆卢斯公开宣称，不管是谁，只要越过地基半步便将被处死。这是对瑞摩斯的真正挑衅。他拿起手中的剑，与哥哥展开决斗，就如同手足之间为了捍卫自己房间的私密领地而激烈争斗一般。在这场战斗中，瑞摩斯倒在了哥哥的剑下。绝望的罗穆卢斯将弟弟葬在了罗马城市中心。

历史没有就此打住，因为这场命案仅仅拉开了一连串手足相残惨剧的序幕……接着它指引我们来到罗马人抢劫萨宾妇女的时代。在决斗时，这些被劫持的妇女挡在自己的丈夫和兄弟之间，试图阻止即将发生在他们之间的厮杀。"我们爱自己的丈夫，就如同爱着自己的兄弟一样"，她们如此辩解着。这些话语不仅透露出对侵犯她们的强奸者的维护，更让人嗅到一丝手足间乱伦情感关系的存在。

几代之后，当罗穆卢斯的后代，即罗马的荷拉斯三兄弟决定与阿尔巴国的古利亚斯三兄弟一较高下时，唯一幸存的小荷拉斯亲手杀死了自己的姐姐，她即将成为古利亚斯三兄弟中某一人的未婚妻。他的后代，即罗马第七任、也是最后一任暴君塔昆可以说比祖先有过之而无不及，塔昆杀死了自己的兄弟，因为他犯下了与自己爱上同一个女人的罪过。

在神话传说中，所有的手足杀戮都是神强加于人的"命运"，罗马城邦也似乎因此获得了至高无上的荣耀：这些构成文明基石的神话传说常常演绎着关于手足竞争的残酷情节。然而，从精神分析学角度来看，人们将命运和潜意识混淆在了一起。罗穆卢斯和瑞摩斯是暴力的产物。他们在兽性中成长，注定成为杀手，并繁衍出世世代代遭受家族暴力侵害的后代。值得庆幸的是，这些都只是传说而已。今天的我们并不会彻底沦为过往的囚徒。

神话传说是我们内心各种奇思异想的表达，这些臆想将我们深埋于内心并企图摧毁最爱之人的欲望表现出来。在双胞胎中，最爱之人当然就是自己的那个"复制品"。神话传说通过一种文学性、戏剧性的形式发挥着宣泄内心情感的作用；它表达了人类的想象，展示出种种极端处境来使人类免受某些极端念头的困扰。神话传说也明确了边界、心理界限以及禁忌话题，它为人类的可接受程度划定了范围。

一种无法忍受的竞争关系

即使在心理学领域关于双胞胎的研究尚未证明前，罗穆卢斯和瑞摩斯的传说就指出，这一特殊的手足关系如同其他手足关系一样具有竞争性特点。但对于双胞胎来说，有个问题总是令人困扰不已，即双胞胎在外形、举止和沟通方式上的相似性。这些相似特征赋予了孪生关系一种趋于理想化的手足形象。然而，尽管长相相似，嫉妒情绪却真实地存在于双胞胎之间，取决于他们彼此不同的性格碰撞，以及各自与父母形成的亲子关系。

两个孩子同一天出生，几乎是一个模子里刻出来的。当我们勾勒出这样一幅图景时会不禁认为：他们的相处一定极其融洽与和谐。这确实具有一定逻辑性……然而却是一条十足的谬论。孪生关系往往是一系列复杂问题产生的源泉：终日与一个复制品生活在一起的滋味未必舒服。父母需要对双胞胎子女的教育问题给予重点关注。

对父母而言，双胞胎造成的困扰最早出现在孕期：孕育一对双胞胎意味着接受更多的医学追踪检查，妇产科和超声波检查的次数也更多了。两个胎儿的成长发育持续牵动着所有人。这不仅因为早产的概率大大增加，而且因为两个胚胎中经常出现一个胚胎的生长发育优于另一个的情况。而且由于他们共同分享母体的血液供给，双胞胎的孕育甚至会造成一个胎儿的生长发育以危害另一个的生命为代价，这种情况则需要外科手术介入。

双胞胎的孕程十分复杂，常常使新手父母感到担忧。它有时会使父母对两个孩子产生不同的情感态度：一个"胖"，另一个"瘦"；一个"结实"，另一个"虚弱"。根据父母对待每个孩子情感态度的不同，这些形容词被以正面或负面的形式分别贴在了两个孩子身上。例如，瘦弱的那个孩子要么被认为是"虚弱的"，需要父母更多的爱护；要么被认为是"长得不怎么好的"，也就成不了父母最引以为傲的孩子。

如今，得益于超声波造影技术，父母从怀孕伊始就得知了即将拥有一对双胞胎的事实，便开始为之打算。尤其是母亲，深知两个孩子的分娩过程十分艰辛，她可以要求实施硬膜外麻醉以减轻疼痛。那么以前对于分娩时还要"再多生一个孩子"从而延长生产痛苦的感受几乎消失不见了，第二个孩子不再因为造成了母亲痛苦和疲惫而成为不受欢迎的孩子。

有趣的是，我发现许多双胞胎父母尽管对孪生关系已经有所认知，但仍然认为两个孩子之间一个是老大，另一个是老二。排行方式标准各异：对某些人而言，老大就是第一个出生的孩子；对另一些人来说，普遍认为第一个出生的孩子是后孕育而成的，自然应该是老二。然而，唯一可以对双胞胎做出科学判定标准则的，是他们是同卵双胞胎，还是异卵双胞胎，即诞生于同一个卵细胞，还是分属两个不同的卵细胞（我们也称之为"真双胞胎"和"假双胞胎"）。

相似与差异

在双胞胎出生不久后，父母便马上开始尝试着找出他们之间的相似和差异。实际上，如果是同卵双胞胎的话，父母最大的烦恼在于无法分清两个孩子。这也同时是亲戚们一辈子都会面临的头疼问题，每个人都担心自己在与他们的交流中认错人或被有意捉弄。

来自同一个卵细胞的同卵双胞胎由于有着相同的性别、血型、瞳孔颜色、发色甚至体态而如同彼此的"复制品"一般。他们具有相同的遗传基因。然而，他们在外形方面仍然存在一定的差异，例如肤色和出生时的体重，后者可能相差二百到三百克。异卵双胞胎则较容易辨别，但在刚出生的几周内，这也并非易事。随着年纪的增长，异卵双胞胎在体态方面的差异会逐渐明显。当然，只有性别不同的龙凤胎才不存在任何身份判断上的问题。

但是，当面对这些貌似"复制出来"的孩子们时，父母怎样才能成功分辨他们呢？实际上，父母投入到了一个寻找不同点的游戏中。在绝大多数的情况下，他们认准了孩子形态上某些极其微小的细节，如鼻子有点翘、耳郭形状比较清晰、身体某处的胎记等。在找不到外形差异的情况下，他们则会借助想象。因此，据精神分析学家鲍里斯·西吕尔尼克的讲述，他曾认识这样一位母亲，她通过想象每个孩子的头型来区分自己的一对同卵双胞胎，如头型偏长，或头型偏圆。她还借助每个孩子的不同性格进行辨认，并以此调整自己在照顾两个孩子时的种种行为。

更为普遍的情况是，当父母无法找到足够可信的外形特征时，他们便通过观察双胞胎在行为举止上的差异来判断每个孩子的脾气秉性：如一个孩子比另一个更喜欢微笑，或者更容易发脾气，胃口更好，更容易入睡……所有这些或真实或虚构的结论其实都是区分差异的手段罢了。当父母认为保罗外向，雅克内向；夏洛特恰然活泼，朱丽叶的发展更为全面；皮埃尔抱怨不断，于勒随遇而安……这些评价肯定会给他们的亲子关系带来不同影响。实际上，这些分类方式会引起父母在照顾孩子上截然不同的态度：拥抱孩子的方式不尽相同，喂奶、洗澡、换尿布和哄孩子睡觉的方法也因人而异。所有这些行为都强化了父母对于每个孩子或真实或虚构的性格特点的认知。随着父母在每个孩子的教育问题上的态度差异，这些认知更加塑造了双胞胎截然不同的性格。

如果说，在以年龄为划分标准的传统型手足关系中，孩子之间的差异显而易见的话，在双胞胎案例中，这种差异性则是由父母及亲属们制定的。几乎没有任何一对同卵双胞胎和同性异卵双胞胎孩子拥有相同的性格特征。同时，他们与父母之间的亲子互动也建立在个体独特性的基础之上。关系或近或远、或默契十足或逐步摸索的不同亲子关系塑造了每个人迥然的个性。

在龙凤胎的情况下，父母在照顾孩子时需采取明显不同的行为方式。众多观察结论指出，父母在照顾、抚养和疼爱女孩与男孩时的方式有所不同。不同的生活环境，如卧室的装修、衣服或玩具等因素都进一步加强了每个孩子特有的脾气秉性。异性双胞胎在性格上也因此相差甚远，同年纪相差几年的兄妹或姐弟并无差异。

在双胞胎家庭中，父母对于其中一个孩子表现出的吸引和偏爱具有积极作用，因为这些举动可以强化孩子彼此间的差异性。（相反，在传统多子女家庭里，父母的偏爱往往是其日后自责的根源。他们通常辩解说自己一视同仁地爱着每一个孩子。）在我看来，最为理想的情况是，双胞胎中的一个孩子与母亲关系密切，另一个则与父亲走得更近。父母二人便可以尝试着以自身形象塑造自己更偏爱的那个孩子。承认每个孩子的独特存在是双胞胎的成长中一项迫切需要完成的工作，决定着他们日后心理发育的良好与否。

对于同性双胞胎而言，无论是同卵还是异卵，都会建立起种种摇摆于爱恨之间的典型手足关系。当孩子们是同卵双胞胎时，父母在两个孩子间如何分配自己的疼爱也并非易事；即使他们曾在子宫里"共处一室"（公用同一个胎盘），空间和物品的分配仍然是件颇为棘手的事情。对双胞胎来说，只有因年龄而引起的对立矛盾是不存在的。但我们不禁追问这种不存在的对立关系难道就不会加深其他嫉妒情绪吗？因为在处理矛盾时，我们就不能总把某些经典大道理挂在嘴边了，诸如"你是老大""他比你小""她是女孩子"或"你是个大男孩"等。

将一对形影不离的人分开

如果说在普通多子女家庭中里，家庭的安宁来自孩子们之间的亲密情感关系；那么恰恰相反，双胞胎的心理平衡发展则要求把这两个关系过于亲近的一对分开。其实，双胞胎成长发育中遭遇的最大挑战便是如何以两个独特个体形式成长并生活。我们知道，婴儿需要花几个月的时间来理解母亲和自己是两个截然不同的个体。婴儿凭借外界环境所提供的诸多信息，尤其是那些从和成年人的互动关系中获得的信息来实现该认知过程。因此，个人自我形象的建立是一个不断与他人形象进行正面冲突的过程。

然而，对于自然而然生活在一起的双胞胎来说，他们几乎永远都是彼此的"复制品"，始终要面对一个与自己体貌相似，甚至有着相同需求的个体。他们彼此陪伴度过生命中的每个时刻，共同分享游戏时光，也一同经历生活中的其他方方面面，如吃饭或洗澡。对这些孩子来说，他们的问题并不是像其他孩子那样学习如何同兄弟姐妹一起生活；正相反，他们需要学习如何区分彼此的差异，理解每个人都是独立的个体。由于两个孩子有着相同的生存和情感需求，他们成长的最大障碍是意识到在自己与成年人的互动中常常隔着一个"复制品"。

像其他所有孩子一样，双胞胎需要通过寻求独立而实现自我成长。然而现状是，这个组合使每个人生活得安心、舒服和满意……自然而然地，双胞胎们更倾向于建立起一个只属于他们两人的世界，外界的缤纷喧闹与他们无关。社交关系的缺失常常表现为双胞胎在交流沟通方面存在问题，出现语言障碍。在众多事例中，能表现出双胞胎之间的默契程度，以及他们自我封闭的最典型案例之一，便是许多双胞胎会发明一种代码式语言，即"密语"。两个孩子通过哼哼唧唧的拟声词，或用经过修改和增加音节的词语进行沟通交流。不管是同卵还是异卵双胞胎，每一对组合都有专属于他们的密语。这种说话习惯自然会延缓语言系统的发育，使他们往往需要几年的时间才能追赶上正常孩子的语言水平。

双胞胎存在区分主体和客体障碍的另一个表现在于：他们普遍对自己的名字建立个体性反应的时间较晚。他们常常混淆彼此的名字，只有在大人们同时喊出两人的名字，或甚至以一个共同的简称称呼他们时，双胞胎才会做出反应。正常情况下，婴儿在接近六个月时会对自己的名字做出反应，二岁时便能说出自己的名字；而对双胞胎来说，他们到了二岁才开始辨别彼此名字的不同，三岁才具备说出自己名字的能力。自然，由于长久以来他们都用"我们"来代替"我"，双胞胎也需要花更多的时间正确掌握人称代词"你"和"我"的用法。而且多数现实状况是，家人们总是笼统地称他们为"这对双胞胎"，此举显然加大了孩子进行自我认知的难度。

由于在孩童时代，许多情感类词汇在使用词汇中占有重要比例，因此双胞胎在感情、思想以及意志的表达方面也常存在障碍。著名的双胞胎问题研究专家、心理学家勒内·扎左的众多研究表明，只有生活在良好的家庭环境中，双胞胎在语言能力上的表现才能在六七岁时与同龄人持平。对那些成长环境更为恶劣的双胞胎孩子来说，则还需要多几年的时间。这一特殊现象令人不安，父母和家人们必须竭尽所能改善这种情况，因为语言涉及思想形成的方方面面。词汇，即使是那些还不能张嘴说出的词语，也能帮助孩子去认识和评价这个世界，塑造思维体系。如果双胞胎在某个年龄前都无法区分自己和他人的差异，将使他们遭受智力发育方面的诸多困扰，并使其心理发展产生严重紊乱。

基于上述原因，必须尽力将这两个形影不离的孩子分开。我强烈建议父母们在给双胞胎取名时选择差异鲜明的名字，而不要玩什么读音或词语押韵的文字游戏，如奥迪尔和塞西尔。长期以来，父母在给龙凤胎起名字时往往使用同一名称的阴、阳对仗形式，如朱利安和朱利安娜、克洛德和克洛迪娅，甚至还有读音基本相同的保罗和波勒。最糟糕的情况无疑是使用"镜面"修辞手法给双胞胎取名，如让－皮埃尔和皮埃尔－让！此外，双胞胎中的每个孩子都应该拥有自己的玩具，这并不影响他们彼此交换，但会起到区分差异的作用。最后，给两个孩子穿同样的衣服是极其不妥的做法。现在我们还经常能在路上看到同坐于婴儿车中打扮一模一样的双胞胎宝宝，幸运的是这种无意识的模仿行为在青少年中已经少之又少了。这种刻意强调双胞胎特质的行为普遍源自双胞胎父母内心强烈的自豪感。

卢卡和奥雷利安是一对三岁的双胞胎。他们来找我治疗，是因为卢卡最近一段时间以来的行为举止带有暴力倾向。兄弟俩同在一个班，这样父母可以轻而易举地对比他们各自的成长状况。奥雷利安在口头表达、画画上都表现不错，很好地适应了幼儿园的生活；比起孪生兄弟，卢卡则遇到了一些麻烦，他口头表达能力稍弱，同时也正在接受矫正发音的治疗。

他们的父母向我解释，几个月以来总是发生十分奇怪的事情：在学校里，卢卡常常对奥雷利安大打出手，且下手很重；在家里时，他又寸步不离地"黏"着兄弟，想要一直和他玩耍。

事实上，造成卢卡暴力行为的触发点在于，乐于与人交往的兄弟奥雷利安在幼儿园里结识了一群小伙伴，且很快交到了一个"小女友"。对卢卡来说，这个女孩子就是他们兄弟组合的入侵者。他的身体官能封阻现象使我们想到，他还无法与处于主导地位的兄弟奥雷利安实现彼此区分。出于这个原因，他一直要做兄弟的跟屁虫。

只有帮助卢卡结识小伙伴，如果可能的话，交一位"小女友"，才能恢复这对双胞胎兄弟间的平衡关系。如果这个办法奏效的话，也许进入青春期的卢卡会比奥雷利安的异性缘更好呢！

我深信，抚养一对双胞胎远比教会几个孩子和平共处要复杂得多。在这样的艰难处境之下，父母要尽力协调家庭生活：将他们送入同一间早托班、同一家幼儿园，甚至同一所学校以极大地简化接送孩子的过程，这也是人之常情。此外，既然两个孩子在家里都是一起生活的，为什么要在外面把他们分开呢？我很遗憾地告诉这些父母，这种想法是一个教育失误。相反，我建议父母们尽早地将双胞胎送进不同的幼儿园和学校。

其实，只有当双胞胎确认自己与他人的差异后，他们的心理发育才趋于稳定。尽管这些差异的强烈程度和明显程度不尽相同，但都必须得到重视与强调。唉，只因长相相似就能得出两个孩子具有一致性的结论吗？可家庭和教育的大环境都被这种观点所蛊惑，甚至经常过度弱化两个孩子间的差异性。这些"如出一辙"的孩子们面对着仿佛在照镜子一般的孪生手足，会在自我定位方面表现出最难以克服的障碍。

镜面效应

双胞胎的特殊之处在于，他们好像永远都在"照镜子"。作为独立个体，每个人只能通过镜面反射的方式短暂地看到自己的影像，而更多情况下则以自身的优势想象出自己的画面。在真实状态中看不到自己反而可以让每个人充分驰骋于想象的世界: 在您眼前，一位运动员正在进行一百一十米栏的跨栏比赛。他就是您，或者您仿佛穿越到这个登上杂志封面的杰出人才的身体里。将自己想象成更高大、英俊、勇猛和聪明的人是抵抗抑郁的最佳良药!

但当面对孪生手足时，由于区分幻想和真实的界限并不存在，想象就不是那么容易的事了。拥有一个孪生手足，意味着自己永远在一面镜子前行走。自己永远出现在自己的面前，自己一直和自己行动一致，自己同自己分享相同的生活点滴，经历相同的学校生活，相同的成长和进步，更为惊人的是，有着相同的行为举止、思想和感情。

在这个问题上，研究者们总是被一些既神秘又令人烦恼的现象不断吸引。因此，众多来自法国和美国的心理分析学家都致力于双胞胎病理问题的研究，尤其对于双胞胎中一人患儿童自闭症的情况颇有兴趣。研究数据指出，这种情况下，双胞胎中 90% 的健康孩子会产生严重的个性问题。这一现象极有可能证明双胞胎之间存在着某种传染性，也清楚地表明，不管是在最为普通的病理分析中，还是在生活中的点滴小事里，该结论都与我们的研究观察存在众多巧合之处。无论同卵还是异卵双胞胎，他们之间都以一种极其令人惊讶的方式沟通交流，尽管在异卵双胞胎中这一现象可能不那么突出。

随着孩子们日渐长大，双胞胎们经常利用彼此的相似特征玩起各种小把戏。他们热衷于看到周遭的人因错误辨认他们的身份而陷入尴尬处境。老师往往成为这类伎俩的首要受害者。通过这种小把戏，双胞胎们试图挑战权威，展现出"团结就是力量"……尤其在学业上。如果父母特意给双胞胎穿上不同的衣服加以区别，某些孩子甚至会玩起彼此交换服装，或掩饰一些可以区分彼此微小细节的鬼把戏。当这种习惯一直持续到青春期，甚至成年后，那么他们将来的伴侣便要遭殃了。一位嫁给双胞胎哥哥的年轻女性甚至坦诚自己害怕参加节日家庭聚会，因为她永远也无法一下子分清靠近自己的那个人是丈夫还是小叔子。

塑造特殊性

我结识的双胞胎父母通常都对孩子们的过度相似性深感担忧。然而，不管他们做什么，在十到十二月个月之前，孩子们极有可能长相十分相似，且几乎按照相同的方式成长。那么，我能给父母们怎样的建议以帮助他们将双胞胎分开呢？那就是找到每个孩子与周边建立起来的关系中存在的微妙差异：一个孩子健谈，在语言方面进步明显；另一个则较早地产生独立意识。当然，一个孩子肯定会先于另一个画出第一个小人人像。这些差别通常都是十分细小的。

除此之外，双胞胎之间的相互模仿十分迅速，以至于人们认为双胞胎都是在同时学会做某件事情的。

我承认，让双胞胎跨越"个体化－分离"阶段对父母来说是一项棘手的任务。父母需要留意避免让孩子建立起过多的共同记忆，以使他们在行为表达、心理发育和思想形成的过程中不会因此产生较大的相似性。

为了避免双胞胎生活在一种有害身心健康的紧密关系中，父母应该给每个孩子表达个人思想的机会。每个人都有自己的观点、看法、梦想或计划。每个事件都会创造出属于个人的坐标和记忆。情感、欢乐、泪水、恐惧对每个人来说都是不同的。一个孩子身上的机能紊乱并不会在另一个孩子身上发生。一个良好的家庭环境应该鼓励双胞胎进行独立思考和想象。只有想象力才能保护他们每个人逃离自己有一个"复制品"的"可怕"现实。

我深信，较早展开社交活动可以阻断双胞胎之间"有害"的紧密关系：他们各自结交朋友，被分别邀请参加朋友们的生日聚会，轮流独自去拜访爷爷奶奶等。在任何情况下，父母都不应该支持双胞胎之间形成过于紧密的关系，因为这将有可能使他们一辈子都无法离开对方。

当差异强行显现

然而，双胞胎的手足关系会因为其中一人患有某种严重疾病或残疾而呈现出特殊的一面。不管是怎样的双胞胎，身体健康的那个孩子总会感到一种愧疚，始终受到一个问题的困扰：为什么是他而不是我呢？如果父母总要求他参与到照顾孪生手足的护理工作中，这种愧疚感便会因父母的态度而增强。

十三岁的马丁和保兰是一对双胞胎兄弟。保兰患有肌肉萎缩症，行动非常不便。马丁对兄弟的疾病深感痛苦。这种将他们区分开来的疾病常常使马丁困惑不已，因为所有医学检查都证明自己没有受到病症的侵蚀。这个"好"消息使他产生了疑问：保兰是不是自己的兄弟？自己又是不是父母的亲生儿子？这个没有遗传到他身上的疾病反而强烈地引起了他的恐惧，害怕自己不是父母的亲生孩子。此外，马丁还向我抱怨自己只是兄弟的一个看护或心理疏导员。他说自己不希望整日将兄弟"背"在身上，尤其受不了父母让他陪保兰上厕所。他觉得这些事情太恶心了！

马丁并不是个糟糕的兄弟。他的父母不理解的是，马丁其实通过这种态度表达了这个年纪的孩子常见的洁癖。父母并没有对马丁成长过程中的这一正常阶段给予足够的关注。

然而，马丁最不能接受的是看到保兰因为生病而得到不少好处，如父母从来不会惩罚保兰经常乱发脾气的行为。这让马丁感到自己遭到一种大大的不公正对待。

这种叛逆心理普遍存在于有个残疾手足的孩子们身上。其实，父母面对身患残疾的孩子常常感到束手无策，无法行使其家长权威。并且他们深信这个残疾的孩子不会在其他孩子中滋生出任何不良情绪，就仿佛残疾可以驱逐邪恶和暴力一般。

主导与被支配

刚刚步入青春期的蕾蒂西娅学习十分吃力，且在与人沟通方面遇到极其严重的困难。她向我倾吐自己的烦闷和不自信。显然，她对自己的形象很不满意，用长长的头发把脸遮起来。与其说她是在穿衣服，倒不如说是用衣服将自己"包裹"起来。

蕾蒂西娅遭受一种自尊心方面的困扰。她的问题来自双胞胎姐妹埃米莉。埃米莉是个非常自信的姑娘，在两人中占据绝对的主导地位，且和蕾蒂西娅在同一个班级里学习。在两人中，蕾蒂西娅总是处于弱势的那一个。面对双胞胎姐妹，她永远居于顺从地位，几乎丧失了所有的自信。

我的建议十分简单，几乎是实验性地，我让两个姑娘分开去食堂吃饭。这一做法将会激发出真正的"双胞胎自主性"。这一新鲜的独立体验彻底改变了蕾蒂西娅。她必须同之前可以依赖的姐妹关系彻底告别，以便能够平静而顺利地继续自己的人生之路。蕾蒂西娅体会到了这一简单的分离所带来的诸多益处。在接下来的一年，也就是姐妹俩进入初中学习时，她建议父母为自己注册一所与埃米莉不同的学校，虽然这会给家庭规划带来一点麻烦。

支配关系在双胞胎之间颇为常见。数据证明：在 80% 的异卵双胞胎和 75% 的同卵双胞胎中，一个孩子相对于另一个来说占据支配地位。支配关系的产生源于早期的童年经历，一旦确立，要么终生维持不变，要么至少会持续到青春期。只有在极其罕见的情况下，支配权才会从一个孩子手中转移到另一个孩子的手中，或两个孩子在不同领域分别发挥主导地位。如一个在小学时成绩优异，另一个则在初中时异军突起；一个在数学上凸显优势，另一个在语言表达上表现出色等。

在支配关系中，同卵和异卵双胞胎都遵循着同样的规则。对于孪生兄弟，主导地位建立在力量的强弱对比之上，体格较强壮结实的孩子在心理方面也更占优势。这个特点在孪生姐妹中却不存在，对于她们而言，智力水平和学习成绩才是建立支配关系的基础。龙凤胎又是另一种情况。即使男孩普遍比女孩强壮，即使他们的智力水平相同，在三分之二的研究对象中，反而是所谓处于"弱势"性别的孩子，即女孩占据支配地位。

勒内·扎左的研究对女孩们的支配关系做出了解释：这是由于她们的成长特点所决定的。女孩较早地表现出对干净整洁的要求，内心更加坚强，对疾病有更好的抵抗力，在学习和社交方面的能力更强。勒内·扎左尤其强调"洁净"的重要作用：女孩比其孪生兄弟更早地摆脱尿布。经常在父母的默许下，女孩认为自己的孪生兄弟还是个小宝宝，且很快变成了她的"小宝宝"，对他指手画脚行使起自己的权威来。

占据支配地位的孩子主动提议、发号施令，且自觉优越。通常，支配者对孪生关系的依赖程度较低，对孪生手足的情感依恋也较轻。然而，不少观察表明，当迈入成年阶段后，反而是处于被支配地位的孩子最早离开原生家庭，也许是为了逃离一直以来所承受的来自孪生手足的绝对权威，从而与他人建立起另一种形式的组合。

双胞胎关系的种种内在相处规则为每个人设定了角色，使他们形成一对组合，但这并不会阻碍每个孩子的个性发展；相反，他们的个性特点是通过彼此交往中的互补或对立互动建立起来的。因此，每个孩子都有自己的心理发展历程，建立起不同的社会交往关系。他们也会彼此影响：生性腼腆的那个孩子会安抚另一个外向急躁、总是要代替两人发声的孪生手足；理智冷静的那一个孩子会将总是漂浮在幻想世界里的孪生手足拉回现实，让对方"脚踏实地"一些。不管双胞胎是同卵还是异卵，同性还是异性，所有的研究都指出这样一种独立性格的发展模式，还证明了遗传因素、自然环境以及社会、经济等因素都不足以塑造出两个个性一模一样的孩子。

几年前，我位于马赛的儿童精神分析诊室接收了一对患有精神疾病的双胞胎兄弟。两位精神病科医生、两位心理治疗医生，以及两组医护团队同时对兄弟俩展开治疗。同时，两个孩子还进入了医院专门开设的一所特殊学校学习。然而，面对这一特殊的病例，治疗不得不中断。医疗团队花费了大量时间，却始终无法准确评估每个孩子的进展状况。几个月下来，教师、心理学家、精神病科医生以及心理治疗医生都感到困惑不解，不断地思索着相同的问题：谁是支配者，谁是被支配者？谁在成长，谁停滞不前？两人中谁的能力更强？仿佛双胞胎之间存在着一种"荒诞"的致病传染现象，两个孩子玩起了扮演有精神疾病患者的游戏，而他们又的确患有这种疾病。最后，问题必须这样解决：对每个孩子采取不同的治疗措施。如今，这一方法正在被其他医疗团队所广泛采用。

感受分离

同时出生，共同度过童年生活，在成长中的每个时刻默契配合，以上种种都使双胞胎之间缔结了强烈而坚实的情感联系。通过对多对步入成年的双胞胎进行观察后，勒内·扎左进行了细致的分析研究。他首先发现，虽然在一对双胞胎中，一个总是比另一个更具依赖性，具有更加丰富的情感，但两个人之间仍然存在相似的情感表达模式。换言之，相同的事件可以激发双胞胎产生相同的反应和感情。如在孪生关系中，这些相同的情感体验表现为相似的简单感官愉悦体验，相似的柔情和爱恋。双胞胎并不羞于承认彼此分享相同的愉悦体验，但却害怕与他人产生爱情的吸引。在维系双胞胎的关系中，柔情、激情、爱情也需经历种种程度和等级，这些都不可能被轻易打破。研究数据说明，相对于其他人，双胞胎的结婚率普遍较低。

"入侵者"的到来往往在这对组合中挑起了一种深深的嫉妒情绪。虽说不至于使双方反目，却会使这个外来之人成为双胞胎感情的竞争者。两人中"被抛弃"的那一个不能忍受自己的孪生兄弟或姐妹已经深深地着迷于另一个人的事实。

此外，这种被抛弃的感觉也因双胞胎间普遍存在的一种亲密的肉体依恋而显得愈加强烈。自童年起，甚至到了青春期，双胞胎在肢体接触上并未划分明显界限。虽然双胞胎已经不再同睡一床（但这在同性双胞胎中颇为常见），他们很多情况下还是会不经意间碰触彼此，近距离感受对方的气息，一起洗澡，彼此推搡。当然，就像所有年纪相仿的兄弟姐妹一样，他们共同分享某些具有情色意味的小游戏。双胞胎之间过于紧密的共同生活甚至导致某些过度的肉体关系的发生（但这并非指性关系）。步入青春期，相对于其他人，双胞胎在实现正常性体验的过程中对性伴侣的选择更为微妙，尤其是同性双胞胎更易倾向于往同性恋爱关系或乱伦关系发展。

双胞胎中一人结婚或同居的事实，总使另一人感到痛苦。悲伤、愧疚和消沉标志着这对组合的解体。单身的那个经常在找寻灵魂伴侣的路上遭遇失败。他（她）有时会选择独居，生活在孪生姐妹或兄弟的婚姻生活的阴影里。某些双胞胎则通过与另一对双胞胎结婚的方式来解决这个问题，从而组成四人"团体"。勒内·扎左曾举过这样一个极端案例：两对双胞胎四个人在同一天结婚。他们共同经营一家小店，共住同一屋檐下。由于他们相似的外貌，再加上相同的穿衣打扮习惯，常常使他们的孩子们难以在这如此相像的四人"团体"中辨认出谁是舅舅，谁是婶婶……

然而，还有一些更为痛苦的分离：孪生手足中一人死亡会使剩下的那一个经历极大而难以平复的痛苦。例如在很多疾病案例中，活着的那个孩子总会感到一种负罪感：为什么是他（她），而不是我呢？父母过度渲染已逝孩子，以及超越理智地赋予其完美形象的态度和做法都强烈增加了悲伤的分量。由于对逝者的思念过于强烈，生者始终无法过上正常的生活。只有遇到新的伴侣帮助重建新的组合，且对逝者的思念稍稍平复时，剩下的那一位双胞胎才能克服内心的痛苦，走出阴影。

多胞胎子女

三胞胎或四胞胎还会出现其他不同的问题。由于父母将全部精力投入到解决日常生活的各种突发状况中，孩子在成长过程中由于父母情感分配不均而患心理疾病的发生概率反而降低了。父母鲜有时间去观察每个孩子，也因此与每个孩子的情感亲密程度有限，而这两方面正是引起手足竞争的主要原因。

像双胞胎一样，多胞胎之间也会自行组队。对于三胞胎而言，其中两个孩子会结成小团体，第三个则被排除在外，独自玩耍；四胞胎则简单地根据性别或默契程度任意形成两个组合。在以上两种情况下，每个孩子的位置都不是固定的。此外，如同对待双胞胎一样，父母应该尽早促成孩子们实现自我区分，以促进每个人的独立成长。大多数多胞胎的孕育来自一项体外受精技术，这使人们更倾向于将这些孩子看作是普通的兄弟姐妹。确实，由于他们孕育于不同的卵细胞，因此同普通手足之间的遗传关系并无区别。这样的生命起源也使父母能够捕捉每个孩子在形态上和性格上的不同点。相对于双胞胎，父母经常一眼便可以看出孩子们在每个重要生长阶段的差距。此外，对这些孩子的照顾也促进了这个小集体的分裂：通常情况下，祖父母、舅舅、婶婶都投入到这一工作中，给每个孩子留下了各自不同的生活体验和记忆。

三胞胎和四胞胎似乎很自然地彼此区别，每个人塑造着自己的身份标志。然而，在受到父母的责备或在学校里受到同学欺负时，他们往往会结成团体进行反击。挨批评的孩子得到了安慰，受欺负的孩子得到了兄弟姐妹的保护。多胞胎人数上的特点使他们更快地形成了更加广泛的独立意识，他们往往在团体内部组织协调生活，稍稍远离了父母的权威。

然而，在多子女家庭，一切又并非那么简单明了。法国健康及医学研究院（Inserm）的一项研究指出，在十一位三胞胎母亲中，有四位母亲在孩子出生四年后懊悔生下了那么多孩子。尽管她们当初接受不孕治疗时，医生早就提醒过她们将来可能面临的困难。母亲们遗憾地表示自己没有足够的时间去照顾孩子们，没能真正享受她们的青春年华。然而，她们又矛盾地希望孩子们快点长大，尽早独立，仿佛那样就可以弥补丢失的时间。她们还坦陈当看到别人对自己这样规模庞大的家庭投来异样眼光时会感到不舒服。她们中的某些人甚至幻想自己只生一个孩子就好了，在这个孩子身上，她会实现自己对于建立真正亲子关系的所有渴望。

多胞胎也会在"个体化－分离"阶段遭遇困难。这个阶段促使每个孩子能够脱离父母注视而不产生被遗弃之感。在出生后的几周里，"个体化－分离"阶段就已经通过母亲对每个孩子的身份识别逐渐展开：母亲能够理解孩子的各种需求，并让孩子感觉到自己会时时刻刻陪伴在旁。这些感觉会使孩子在其意识中逐渐内化母亲的形象，并在以后的成长过程中逐渐具备与母亲分离的能力。而多胞胎母亲显然在同时与每个孩子产生联结时遇到不小的困难，且严重缺乏时间与每个孩子建立独立的亲子关系。她们往往会把孩子们视为一个整体，倾向于在日常照顾中以绝对平等的方式对待每一个孩子。例如，吃饭就好比是集体投喂食物，每个孩子像雏鸟一样轮流接受坐在对面的母亲一口口地喂食。最后，某些精疲力竭的母亲会感到沮丧，意志消沉，而这些表现也会给孩子们情感心理的成长留下负面影响。

近期，巴黎皇家港口医院的"保护母亲与婴儿福利"部门（PMI）组织诸多跨学科专家组成的医疗团队，为遭遇各种难题的多胞胎家庭提供倾听和建议的咨询服务。

不可思议的故事

年纪对维系双胞胎的特殊手足关系不会造成任何改变。双胞胎与其他普通手足关系差异甚大。孪生兄弟是最亲密的哥们儿，孪生姐妹也是最货真价实的闺蜜。自胚胎起，他们便共同吸取养分，甚至共用同一个胎盘，这样的共生关系足以唤起许多天马行空的想象，使人们长久以来相信双胞胎之间存在着许多心灵感应现象。从襁褓中就被分开的，分别由两个相距几千公里的收养家庭抚养长大的两个双胞胎兄弟，在各自的生活中居然出现许多相似之处。面对这种现象，有谁不会啧啧称奇呢？双胞胎遭遇同样的困扰，患有相同的疾病，甚至几乎在同一时刻做了相同的梦又如何解释呢？最不可思议的是，他们各自的伴侣居然长相颇为相似？种种巧合不断激发着各国学者，尤其是美国研究人员的好奇心。他们最新的研究成果强调了遗传因子在诸多乍看之下与环境相关或纯属巧合的现象中所起的重要作用。因此，个体对某些疾病的易感体质是由遗传因素导致的，某些症状的出现，诸如酗酒、吸烟或肥胖也都与遗传相关。基因的遗传同样作用于智力方面。澳大利亚一项对双胞胎的调查将研究范围扩大至生活的 50 个方方面面，科学家们可以认定，其中的

47个方面都与共同的基因遗传基础相关。另一项瑞典的研究指出，在双胞胎中，40%的生活"突发"事件，如退休、某个孩子的死亡或经济问题，都与基因数据有着千丝万缕的联系。

双胞胎研究总是不断激发着我们的热情，对于双胞胎，尤其是同卵双胞胎行为遗传性研究的探寻，将会为许多至今尚无法解释的现象提供解答。那些自出生起就被命运分开的双胞胎找寻彼此的故事仍然使人们惊讶不已。究其原因，可能是因为我们每个人的心底都埋藏着一个多少有点疯狂的念头，那就是在这个世界上的某个角落，我们会在某一天偶然间遇见自己孪生手足，遇见那个总是引人遐想的"复制品"，那个最理想的伴侣，那个会与自己在初次眼神交会时便心领神会的人。实际上，这种幻想可以使我们置身于另一种生存状态。这位想象中的孪生手足，犹如守护天使一般，讲述着我们每个人都曾幻想过的另一种生活。

7

收养关系中的兄弟姐妹

若苏埃今年十二岁。在五岁的时候，他和另一个比自己小两岁的女孩萨曼莎一同被收养，两人都是巴西裔。他们的收养家庭里还有两个大孩子，一个十七岁的女孩和一个十八岁的男孩。这对亲兄妹是几年前在海地被收养的。

若苏埃正处于心理状态"崩溃"的漩涡之中。他常常离家出走，偷父母的东西，还和萨曼莎之间表现得过于亲密。他为自己小偷小摸的行为开脱，说自己难以抵抗糖果的诱惑，而养父母经常不能满足自己的愿望。对这个孩子来说，偷窃变成了他很熟悉的一种行为方式，因为据他所说自己就是在兄弟姐妹中窃取父母疼爱的小偷。若苏埃的行为已经到了让家里人难以忍受的地步，这不禁使人们担心他可能会遭遇第二次遗弃。

其实，若苏埃并没有真正产生融入收养家庭的归属感。此外，他的病态表现恰恰是想让自己更好地摆脱收养家庭的束缚：离家出走和小偷小摸是对父母的挑衅，通过与其他手足极其激烈的竞争使自己与兄弟姐妹形成对立。

通常而言，我认为养父母只有在孩子步入青春期后才真正实现了收养关系。正是通过青春期的孩子不断制造各种大麻烦的行为，他们才真正得到了收养家庭的接纳。青春期少年暗暗透露出这一信息："我越给你找麻烦，越挑衅你的权威，大家就越能认清你是否真的爱我，是否把我当成你的孩子。"在这段人生中的转折时期，我们更应该密切追踪养父母们的情况，因为通常此时的他们渴望帮助。

不可避免地，收养行为建立起一个"人造"手足关系，每个孩子必须在其中找到自己的位置。比起普通家庭，这样的共同生活因每个人带有各自的过往经历而变得更加复杂。被收养时的年纪、在孤儿院生活的时间、在原生家庭或因灾难或因战争而遭遇的种种痛苦，必然或多或少地给孩子留下心理创伤。不管收养时的状况如何，这个遭到原生家庭遗弃的孩子都有可能受到心理疾病的困扰，其严重程度则因人而异。而孩子对养父母的接纳也需要付出巨大努力。对于我的几位同事谈到的一种真正的心理"重生"的观点，我举双手赞同。事实上，被收养的孩子如同"嫁接"一般进入一个早已成型的手足关系中，这似乎是合乎常理的，但有时却是引发争论的焦点。除此之外，被收养的孩子常常遭到新手足关系中其他孩子的冷眼，行为举止也得不到新的兄弟姐妹的理解。他们甚至会谴责这个孩子对"慷慨"接纳他（她）的养父母缺乏感恩之心。这只"丑小鸭"仿佛置身于一个愧疚感编织的大网里，而这张网不会给他（她）的成长带来一丝一毫的益处。

被收养的孩子在新手足关系中所遭遇的种种困难颇为特殊，尤其是当他们在被收养前就曾有过共同的生活经历。下面这个关于该主题的故事就令人吃惊。

莱雅、瓦朗坦和阿加特都来自越南。他们在同一家孤儿院被人收养。年纪稍长的莱雅和瓦朗坦聪颖过人，最小的阿加特很快出现了发育障碍和脑部残疾的问题。

九岁的莱雅对自己凡事都得帮助妹妹表现得十分抗拒。她告诉我，她觉得妹妹的残疾不应该殃及自己。何况所有这些都是养父母的问题：他们没有精心挑选要收养的孩子。这个小姑娘无法接受养父母会收养其他像自己一样渴望家庭温暖的孩子。

莱雅倍感痛苦：她无法真正融入收养家庭，表现出身份认知障碍。她的养父母，尽管非常仁慈宽厚，却也几乎不明白这个孩子的心思，甚至无法忍受莱雅的态度。

这个孩子令人震惊的冷淡漠然可以被解释为是一种对自己可能出现和妹妹同样症状的恐惧。这源于她和妹妹早期在孤儿院共同经历过的那些或臆想，或在回忆中重建的暴力、推搡、打架等行为。对于莱雅而言，孤儿院就像一个"共同巢穴"，会在孩子们，尤其是女孩子们中间引发某些相同的病症。莱雅正是通过自己的态度传达了她从心理上抗拒同妹妹患上相同疾病的信息。

在上述案例中，孩子们共同的过往生活经历是心理状态紊乱的促发因子，而那个大家共同度过童年生活的地方被视为凝聚因子，他们对一段建立在共同分享欢笑与泪水基础上的集体生活产生了一种归属感。这些孩子们的手足关系并非建立在血缘关系上，而是建立在一种共同的生活经历上。

像其他人一样的兄弟姐妹

玛维娅和娜奥米来自地球的另一端——大溪地。三岁的娜奥米讨人喜欢，性情温顺，善于交际；六岁的玛维娅则正相反，是所有人都头疼的小麻烦。在整个问诊过程中，我必须几次提醒她回到座位上坐好。她一刻不停地动来动去，对周围人的谈话完全不感兴趣。

每一天，玛维娅都在制造着麻烦，对母亲表现得十分粗暴。母亲坦诚地说，玛维娅的性格一直都是如此难以相处，妹妹娜奥米的到来更强烈地加剧了母女之间的紧张关系。这位母亲早已疲惫不堪，承认自己日益频繁地陷入崩溃境地。

玛维娅和妹妹其实一直在情感上处于竞争关系。她要成为那个最招人烦、最让人担心的孩子，认为这样一来就可以获得母亲更多的关注，得到更多的疼爱。由于丈夫在大溪地工作，鲜少回法国，这对独自在法国抚养两个女儿的母亲来说更是雪上加霜。我隐隐觉察到，两地分居的夫妻关系透露出一丝婚姻破裂的早期预兆，而玛维娅也许需要为此承担一定责任。

像所有手足关系一样，收养关系中的孩子们同样面对如何分配父母疼爱的棘手问题。随着新的兄弟姐妹的陆续到来，种种竞争随即产生。当第一个被收养的孩子进入新家庭才几个月，正在展开一段心理上的重要调整过程以便融入新生活时，其他孩子的到来可能使竞争变得更为强烈。他（她）施展自己至今从未有机会尝试过的种种讨好手段博取父母欢心；与此同时，渴望孩子对自己表达需求和爱意的养父母也会积极予以回应。确实，收养关系中的父母会格外关注这些在生命初期便遭遇不幸的孩子们的需求，他们总是有求必应，甚至有时过于纵容。在收养另一名孩子时，父母也会采取相同的方式，但这占据了他们一大半的精力。老大显然难以接受这种状况，会本能地担心自己将再次被抛弃。

小孩子间特有的习惯性竞争行为会因父母继续将他们当作小宝宝对待的态度而持续下去。父母意识不到孩子的成长，对孩子的行为方式和教育手段都还停留在收养关系开始的阶段。我时常有这样的感觉，如果说父母排斥面对孩子的真实成长状况，那可能是因为他们觉得孩子并没有像他们期望的那样表现出足够的感恩而感到灰心失望。对于这些父母，我想说的是，在成为父母的道路上，争执冲突比和平共处要有用得多。这条准则不仅适用于收养关系中的父母，对其他父母来说也同样有益。

收养一个孩子并非易事，收养多个孩子的困难程度自然成倍增加。值得庆幸的是，绝大多数的收养人凭着自己对他人杰出的同理心和无私的奉献精神克服了这些困难。

青春期，一切重新洗牌

我在办公室里接待了这样一对垂头丧气的夫妇。这次治疗咨询的重点围绕他们带来的一个名叫塞巴斯蒂安的十四岁少年展开。被收养时，塞巴斯蒂安已经快满九岁了。养父母还有五个都已成年的亲生子女。与其说他们是塞巴斯蒂安的哥哥姐姐，我倒更喜欢昵称他们为他的"小养父母们"。此外,哥哥姐姐也都为人父母,虽然孩子的年纪都比塞巴斯蒂安小,但他们却已是塞巴斯蒂安的"舅舅"和"婶婶"了。

正处于危机频发的青春期的塞巴斯蒂安更愿意坚持自己的出身。他生于一个贫穷的家庭,成长在极度缺乏文化和社会交往熏陶的环境中。他的原生家庭甚至还和某些法务官司扯上了关系。

养父母前来找我是由于这样一起事件:他们早就打算给塞巴斯蒂安买一辆摩托车,但还没等他们这么做,他就先自作主张偷来一辆漂亮的摩托车。他们被他这种反社会的行为彻底震惊了。塞巴斯蒂安同意和我单独谈话。这次的私人谈话使我明白了他如何理解自己被收养的身份:"我总在想,我的父母是不是只想收养一个小宝宝呢。"或者,更直白点说:"为什么他们不早点收养我呢?"塞巴斯蒂安将他的痛苦归因于被延期的安排,因为他在法务方面的特殊情况使收养关系在很长一段时间内不能得到批准。然而,他一直试图向自己的原生状况靠拢的态度却和他透露出的种种遗憾背道而驰。

这一案例从孩子和父母两个方面强调了收养关系在孩子青春期所遭遇的种种艰难。在上述家庭中,父母指望不了其他亲生子女的帮助。那些孩子们也认为父母和被收养孩子间的问题与自己并不相关,从而表现得漠不关心。况且他们自己的小家庭还有不少问题待处理。此外,他们认为父母应该独自解决该问题,因为是他们自己决定较晚地开始这一收养关系。事实上,由于这些"大孩子们"即将离家开始自己的生活，他们也就更容易接受父母收养一个弟弟的行为。与父母不同，他们并不会带着道德评判的眼光去看待这一关系。

如同重组家庭面临的情况一样，收养家庭中孩子们的手足之情只有当他们共同经历童年生活，或年纪差距不太大时才会真正建立起来。是共同的家庭生活经历将这些性情各异的孩子们彼此联系。反过来，当收养关系中的孩子们已经具备坚实的情感基础，我们不难看到，当其中一个遭遇困难时，其他孩子就会表现出迫切维护的态度。我们还常常看到，当孩子的过失涉及违法犯罪时，养父母往往会采取一种使人难以捉摸的偏袒态度：他们拒绝公开批评这个孩子违反社会准则的行为。

在被收养的孩子中经常发生所谓病理性偷窃行为，这常常是生理退化行为的一种表现。偷窃行为是对父母的挑战，是来自孩子的挑衅，旨在敦促父母展现他们伟大而无条件的爱，在孩子犯下不容置疑的过错时，仍然能够毫无保留地付出。

虽然法律层面的收养关系几乎总是从孩子的幼年时期就开始了，但只有历经岁月的共同生活才能在孩子与父母间建立真正的亲子联结，即情感层面的收养关系。养父母们总是认为自己付出的爱和教育将逐渐抹去被收养孩子在遗传和生理方面的某些特点，然而，收养关系只有到了孩子的青春期才能真正形成。青春期少年无所不用其极地去测试父母的容忍程度：他们是否会再次放弃自己，或相反，即使自己的表现如此糟糕，他们还是能够给予足够的疼爱？相对于普通父母而言，收养关系中的父母会遭遇青春期孩子更多的对抗，也会经历更多的争执，接受更多对自己权威和关爱的挑战。

养父母们心中最大的恐惧是对天性的畏惧，害怕天生既得总会超越后天养成，那些他们认为会造成负面影响的遗传特征可能会在某天突然显现。这种顾虑应该尽快打消。首先，这是毫无根据的；其次，这可能会使青少年认为父母将自己遭遇的种种困扰归咎于出身。如果是这样，亲子关系的破裂在所难免：对自身收养能力产生自我怀疑的人，又如何能赢得孩子的信任呢？

青春期对孩子来说是一段"父母形象幻灭"的正常阶段。在此过程中，孩子们开始发现父母的种种缺点，不管是真实存在的，还是臆想的。对收养家庭的孩子来说，这个过程更为特殊。这是十分自然的，因为养父母与孩子之间并没有血缘关系。因此，青春期孩子需要自我调整并逐步放弃对养父母所承担的"代理父母"的形象认定，同时接受自己曾被遗弃的事实。此外，被收养的孩子常常对养父母的形象加以理想化的加工，难以发现他们身上的种种缺点：要是没有他们，自己哪里能体会到如此的幸福呢？

在科学的帮助下成为大哥哥

拉斐尔为自己有了一对双胞胎妹妹而开心。他是被父母收养的，妹妹们则是科学的产物，通过人工受精的方式诞生。他将两个妹妹视作一份奇妙的礼物，并引以为傲。因为大家告诉他，正是他的到来，才使原本不可能怀孕生子的养父母实现了梦想。

但这件事很快使拉斐尔对自己的出身提出了一个难以回答的根本性问题：他无法理解为什么养母生下自己的孩子感到如此幸福，

但自己的亲生母亲却不愿意承认他的存在。

在诸如此类的事件中，拉斐尔的所想所感普遍存在。当弟弟妹妹出生后，他既成了哥哥，又成了照顾他们的"小家长"。事实上，正因为这些被收养儿童在养父母身边的陪伴，才使他们诞下了自己的孩子。虽然无法对这种现象给予真正的解释，但我们知道，不孕不育的夫妻通过收养的方式为人父母后，某些紧张情绪便得到了释放，同时收养行为给某些夫妻带来一定的心理暗示，认为自己可以孕育生命：通过收养行为，他们完成了向父母角色过渡的身份转换，这个过程激励着他们走得更远。收养延续着对于生命的憧憬，绝非是埋葬梦想的坟墓。此外，正是对孕育生命的深切渴望才使收养具备了成功的条件。

养父母重拾生育能力常使被收养的孩子产生关于其出身的种种根本性疑问。当孩子有了弟弟妹妹后，他（她）的过往经历便会重新浮现。这些疑问常常使孩子倍感痛苦。如果没有机会表达自己的困惑，这些疑问也会进一步干扰孩子的心理发展。

我认为，为了建立成功的收养关系，且紧接着建立起由被收养的孩子和同血缘孩子共同组成的手足关系，向每个孩子，尤其是被收养的孩子以尽可能自然的方式讲述真相是必不可少的，不要隐瞒任何事情。随着年纪的增加，每个孩子都会对自己的出身产生疑问。简洁明了的答案可以使被收养的孩子产生完全融入收养家庭的归属感，也可以使亲生的孩子完全将其视为亲人、真正的哥哥或姐姐。双方都要明白一点，被收养的孩子并不是遭到原生家庭的丢弃。

那个家庭也同样爱着他（她），但由于物质条件上的种种状况才促使原生家庭将其托付于另一个家庭照顾。

为了确保信息的准确传达，孩子们必须具备一定的语言沟通能力。因此，对于正处于"俄狄浦斯情结"时期，年龄在三至四岁的孩子来说正合适。因为该年龄段的孩子会对自己的身世提出十万个为什么。此外，对于这个年纪的孩子，谎言对其目前和将来的发展都极具破坏性。当孩子步入青春期，其他问题就会随即产生：被收养的孩子想要了解自己遭遗弃时的情况，想去找寻自己的亲生父母，想知道他们是否还健在，自己是否有亲生手足等。关于这些问题的答案，他（她）可以轻而易举地从儿童社会福利部门的卷宗里查到，并能与收养关系中的兄弟姐妹进行分享。这些原则对维系他们的情感关系至关重要：只有全面地相互了解，才能真正地相互欣赏。

下面这个案例令人啧啧称奇。它表明，在必要的情况下，由收养关系凝聚而成的手足亲情也可以如此奇妙。这个案例也开启了一名儿童精神分析师的职业生涯。

很久以前，一对无法生育的夫妇希望收养一名孩子。他们决定从一家孤儿收容院收养一名罗马尼亚籍小女孩。办理收养的手续并不容易，因为这个一岁半的女孩被诊断为患有某种儿童自闭症。在经过漫长的思量之后，夫妻俩最终将小女孩带回了法国，并将她送到一所专门的医疗机构进行检查。医生们确诊小女孩由于长期的孤儿院生活患有自闭症，这是一种由于收容院的长期隔离生活以及缺乏情感交流而引起的心理紊乱症状。

与此同时，在此次的罗马尼亚之行中，这对自认为无法生育的夫妇意外怀上了一个孩子。九个月后，一个小女孩出生了。她健康地长大，很快超过了被收养的姐姐。两个女孩子相处得十分融洽，这很可能源于她们彼此间毫无隐瞒的共同生活。渐渐地，妹妹知道了姐姐被收养的身世，也知道了正因为此次的收养之行才有了自己的降生，还了解到姐姐的病症是由一段痛苦的童年经历造成的。

从此，最惊人的治愈奇迹发生了：妹妹极其自然地促进了姐姐的成长。她常常和姐姐一起玩耍，耐心地同她分享自己刚刚学会的种种技能。可以说，妹妹始终拉着姐姐向高处走，她成了一位真正的心理治疗师，而她的"治疗方案"取得了奇迹般的疗效。如今，妹妹已经完成了医学学位的学习，而姐姐正就读法律专业二年级。

与"血缘手足"保持联系

某些孩子在被收养前就经历过一段家庭生活。那么，他们有可能出生在一个与自己有着血缘关系的兄弟姐妹所组成的家庭中，或出生在和自己同母异父的半亲缘手足关系家庭里。在处理这些孩子的安置问题时，一切都有可能发生。如果只是短时过渡，某些孩子可能被带离原生家庭，另一些则继续留下来，手足分离只是短期的，视每个孩子的需求而定。然而，如果分离是永久性的，那么依照国际《儿童权利公约》与本国法律的规定，发生收容或收养行为时，不能将具有手足关系的孩子分开。通常，这是一条难以被遵守的规则，很多来自同一家庭的孩子往往会被送入专门的儿童福利机构。

然而，针对是否应该维持被收养孩子的原生血缘手足关系目前仍然众说纷纭。例如，当孩子曾遭受严重体罚或性侵，由于过往痛苦的生活经历，将一个家庭的所有孩子安置于同一收养家庭的做法并不能促进孩子心理创伤的愈合。实际上，作为自己曾经苦难的见证者，血缘手足的时时在侧反而会经常使孩子回忆起那段不幸的经历。所以某些心理学家主张将这些孩子安置在不同的收养家庭，通过经常性的聚会来维系孩子与其血缘手足间的联系。当然，如何抉择，还需视孩子之间手足亲情的深浅程度而定。因此人们需要展开一系列对于手足情感亲疏的评估：孩子们在一起生活了多久？拥有血缘手足对孩子们而言是否具有重大意义？手足关系是不是靠共同的家庭生活经历维系的？

几年来，为了将同一家庭的孩子们安置于同一屋檐下，并由同一位"教导妈妈"履行抚养职责，一项原创性的措施已经展开——儿童村，即由国际民间慈善组织 SOS 儿童村设立，采用家庭抚养模式照顾孤儿的专门机构。可惜的是，相对于需求人数，儿童村的数量还是少得可怜。

当几个月或几年后，亲生父母彻底放弃对孩子的抚养权，或根据法律规定剥夺其监护人身份后，这些被安置于儿童村或其他收容机构的孩子便具备了被收养条件。那么血缘手足关系又该如何维系下去呢？

当来自同一原生家庭的孩子共同生活于收容机构，并且都具备了被收养资格的情况下，相关部门通常倾向于避免孩子们的分离，为他们寻找唯一的收养家庭。这项任务并不轻松：这些来自同一家庭的孩子们几乎都存在一定的年龄差距，然而收养家庭往往希望收养年纪较小的孩子，这就可能将年纪较大的孩子排除在考虑范围之外。

血缘手足关系中每个孩子所涉及的法律状况不同也会给收养工作带来不小的麻烦。比如对那些同母异父的孩子，或还与亲生父母通过其他方式（信件、电话等）保持亲子联系的孩子来说，收养就变得遥不可及。最后，当孩子们被暂时分别安置于不同的家庭时，我们经常看到这些家庭对他们抚养的孩子产生了深厚的感情，进而提出收养的意愿。目前阶段，收养法已将这类家庭置于优先考虑的位置。

同时收养多个孩子要求收养家庭具备充分的掌控性。由于父母面对的不是整齐划一的小组，而是多个要求各异的独特生命个体，对收养家庭的要求几乎是以收养孩子的数量而成倍递增。在孩子们来到新家后的几个月里，养父母与孩子们之间便开始了一段互相了解与发现的旅程。每个人都要在新环境中找到自己的位置，并且与养父母分别建立起亲子关系。面对孩子们对情感的渴求，在他们之间如何实现情感分配绝非易事。在逐渐融入新家庭的过程中，大部分孩子都会经历一段低潮期，具体表现因每个孩子的年龄和个性而有所不同。父母们应该予以正确的认识，接纳并陪伴他度过这一特殊时期。由于任务艰巨，父母在这段时期内往往需要得到帮助和支持。

当一个家庭决定收养孩子时，必须要了解该孩子原生家庭的状况。幸亏有收养文件的记录，养父母们可以知道这个孩子是否有兄弟姐妹，年纪相差多少，是否曾经一起生活过等相关信息。然而，根据相关法律规定，完全的收养行为将以收养关系取代被收养人以往的血缘关系：所有与原生家庭不同家庭成员之间的联系都将被终止，特别是原生血缘手足关系。那么只有养父母可以决定自己收养的孩子是否能够与其亲生手足保持联系。这是一个棘手的问题，因为这将导致孩子生活在两种家庭关系的竞争中，即亲生父母与养父母之间、血缘手足和收养手足之间。

一个问题总是反复出现：孩子会因与其血缘手足切断联系而感到痛苦吗？这不是一个容易回答的问题。事实上，经验表明，孩子在与养父母接触的初期，便强烈希望能够尽快融入新的家庭关系中。他（她）的"配合"表现往往使人难以理解。他（她）经常表现出自己像是在这个家庭生活了很久的样子，如果收养家庭已有其他孩子，他们会觉得自己遭遇了"情感威胁"。年纪最小的孩子往往最容易受到伤害，大孩子通常会更积极地融入新的家庭关系中。

在实际操作中，当被收养的孩子年纪尚小时，他们从来不会去试图了解自己是否拥有血缘关系上的兄弟姐妹，从心理上完成融入新家庭的这一必要阶段已占据了他们大部分的精力，以至于他们无暇关心血缘手足的存在。即使在被收养前曾见过自己的亲生兄弟姐妹，这个被收养的孩子也不会去和他们相认。有时，其原生家庭中年纪较大的孩子们会记得那些过往时光，也会因为离去的兄弟姐妹表现出的冷漠而感到伤心难过。反过来，被收养的孩子进入青春期后便会产生找寻自己出身的愿望。当他（她）与自己的血缘手足重聚后，常常会感到无比幸福。即使生活将这些孩子们彼此分离了数年，他们仍然满心欢喜地重新建立起某种联结，尽管他们已算不上是真正的"手足同胞"了：他们的生活经历和习惯早已各不相同，手足关系的象征意义已经远远大于现实意义。时光拆散了这些曾经因血缘而紧密相连的孩子们。

8

当手足同胞身患重疾

有一个重疾缠身的兄弟或姐妹会使手足关系产生深刻变化，孩子们之间的竞争与嫉妒会表现在另一个层面。残疾或患病的孩子常常被父母赋予了过于理想化的形象，尤其是在受到自恋意识驱遣的母亲眼中：正是这个孩子让自己成为一名深情且无微不至的完美母亲。其实所有母亲的心中都藏着一个"护士梦"。

残疾或患病的孩子在家中排行第几，所患病症、病症的严重程度以及其他孩子的年纪等因素，均会导致每个家庭的具体情况相差甚远。但上述所有因素，都会对其他未受到病痛侵害的孩子的言行举止和其融入家庭生活的方式产生影响。我认为，家庭内部的融合往往要比法律约束下的社会化融合复杂得多。

残疾突出差异

当一个人被叫作罗宾汉时，他就注定要成为替广大受压迫的劳苦人民行侠仗义的绿林好汉！这个叫罗宾汉的六岁小男孩打心眼里接受了这项"保护"姐姐的使命。十六岁的姐姐有严重残疾。罗宾汉常常因一位小邻居对姐姐恶语相向而与对方发生肢体冲突，并称其为"蠢蛋"。然而，罗宾汉的暴力倾向逐渐向所有非家庭成员蔓延。事实上，他自己倒成了"蠢蛋"。

在分析具体情况后，我找到了引发罗宾汉困扰的心理症结。几个月前，小罗宾汉因家里一只猫的失踪而伤心难过。他不断地想，自己是否应该相信父母的话，他们说小猫出门去寻找同伴了，而且现在过得比以前更加幸福；还是说小猫已经死了。在我和罗宾汉的谈话中，孩子的话语时常回到死亡这个主题上。他尤其将小猫的失踪同一位曾祖父的死联系了起来。那位曾祖父在一百零四岁时寿终正寝。

其实，在这个小男孩的意识中，这些消失都与姐姐未来可能面临的死亡紧密联系。如果说罗宾汉是在效仿那些对姐姐恶语相向的"蠢蛋"们，那是因为他们的话确实说明了承受病痛煎熬的姐姐所面临的真实处境，而这是家长所极力回避或隐瞒的。事实上，即便母亲对于女儿面临的死亡威胁有足够的思想准备，父亲则抗拒看到这一致命病情的发展，只有罗宾汉以一种粗暴的态度对待姐姐的疾病，但这却是一种正常反应。

这个小男孩需要心理辅助治疗。在接下来为期几个月的追踪治疗中，罗宾汉好像在情感上彻底被父母忽视了，因为父母将自己全部的精力投入到照顾病重的女儿。然而，渐渐地，自从父母开始正视女儿可能面临死亡，并和儿子以抽象且不以姐姐的种种病痛为参照的方式谈论死亡的话题后，这个小男孩的心理状态奇怪地好转起来。我强烈建议父母寻找与儿子单独相处的时间，和他谈论生命中的种种悲剧事件而不要犹豫和逃避。

我发现，回避疾病是父母们常见的一种反应。这种反应有时是因为缺乏医学知识，更多情况下则是面对无力解决的局面，回避可以构筑一道抵抗悲伤和沮丧的心理防线。这种沉默往往会造成家中其他孩子的不解，他们清楚地看到自己的兄弟或姐妹经常前往诊所或医院，知道他们正接受一项特殊的治疗，并且父母将全部的精力投入其中。然而这些健康的孩子既不知道这样做究竟是为了什么，也不清楚这种状况还要持续多久。这种无知只能引发苦恼和嫉妒，并在此基础上滋生出无数带有某种负罪感的死亡臆想。孩子有时因自己的健康而感到愧疚，有时也因产生的邪念而愧疚，或两者兼而有之。疾病或残疾成了整个家庭秘密的一部分。我认为，和所有家庭成员分享这个秘密才不失为明智之举。

　　马若兰因严重的暴力倾向来寻求治疗。六岁的她经常对班里的同学以及亲戚中的同龄孩子动手。她极其抗拒和父母分开，在家里，她是妈妈的跟屁虫。马若兰的母亲和父亲都是医生，本已精疲力竭的母亲因为还要照顾小女儿波利娜而更加濒临崩溃。波利娜患有一种组织细胞病，即一种以种种皮肤问题为表现的疾病。

　　马若兰喜欢画一些"生病"的埃及法老。她很乐意坐在我办公室的一角，认真地完成自己的一幅大作。画中的法老躺在棺材里，身上布满水泡和一些颜色灰暗的斑点，就跟时不时入侵妹妹身体的那种红斑一样。通过图画，我便有机会让马若兰开口谈谈自己生病的妹妹。她也想得和妹妹一样的病，因为这样父母就可以像照顾妹妹那样照顾自己。但是她想得更远：如果妹妹死了，自己就不需要

173

再忍受这份快要将自己吞噬的嫉妒了。马若兰觉得身为医生的父母过多地将时间和精力放在照顾妹妹上了。

马若兰的暴力倾向和对母亲的严重依赖都是一种抑郁症状的表现。她对妹妹的积怨越深，就越会表现得与妈妈寸步不离；妈妈则越来越无法忍受大女儿的种种行径，于是将她送到了外婆家。母女关系因此日益恶化。

为了平息事件，我建议父母将两个孩子轮流送至外婆家住一段时间。当家庭关系紧张时，这个方法总是很有效，因为长辈往往可以给每个孩子提供高质量的个人支持与陪伴。为了不让被送去外婆家的那个孩子觉得自己是被遗弃的，父母要经常去和她共进午餐，这样可以使这个暂时被隔离的小女孩和父母有了独自相处的机会。

马若兰因此很快摆脱了抑郁状态，波利娜的病也好了，姐妹间的竞争关系得到消除。

疾病往往牵动着父母的所有精力。对生病孩子的照顾和付出的情感都会间接损害其他孩子的利益，使他们觉得自己遭到遗弃。某些孩子伤心难过，另一些则表现出暴力倾向，两者都带有一丝抑郁的心理特征。孩子正是通过这些表达着自己内心的苦闷。

疾病常常迫使家庭在财政规划上面临某些抉择：老幺不得不接受寒假滑雪旅行计划的泡汤，因为其行动不便的兄弟需要接受一种海水浴疗法；老大必须放弃购买个人电脑的计划，因为今年得给妹妹更换新的轮椅。更常见的是，为了有充足的时间照顾生病的孩子，父母要求其他身体健康的孩子尽可能自立：他们必须学会在没有母亲陪伴的时候独自完成作业，这样母亲才能抽身去陪同弟弟或妹妹完成康复训练；他们必须从七岁起独自放学回家，因为家人不可能将生病的弟弟或妹妹独自留在家中。所有这些约束和委屈都会让孩子觉得父母有所偏爱，觉得兄弟姐妹中的某个人是父母的"心头肉"，这个孩子也自然成为所有人嫉妒的对象。这些想法常常由于父母对生病孩子的形象进行过度理想化处理而得到加强：他（她）最受宠爱、最聪明、脾气最好，就仿佛疾病或残疾已经将其所有缺点和错误抹去了一般。某些健康的孩子甚至会对遭遇疾病孩子的命运心生羡慕。

在这种情况下，手足间的竞争与出生排行无关，却常因疾病的不同而有所差异。孩子们将所有疾病归为两类："值得同情的病"和"不值得同情的病"。例如，骨软骨炎，一种骨科病，可引起化脓病变或截肢等情况，属于第一类，引发不了什么手足竞争；而如果某个孩子患的是白血病，且被父母赋予过度理想化的形象，又可以享受到病房的小丑表演或音乐演奏，就会引起健康孩子的嫉妒，使他们希望自己也患上一种类似的疾病，从而得到大人们的关注。

当听到某个孩子声称自己也希望像哥哥或弟弟一样得癌症，但只要"它（他）[①]能被治好"就行时，我们总会惊讶不已。这句话的主语有双重意义，分别指代癌症和病人。孩子既希望自己患上同样的病症，但又不希望因此而死去，同时希望自己的手足能够战胜病魔。于是，孩子的内心被一种双重且矛盾的心理活动所充斥：一

---

① 在法语中，主语人称代词 il 有两个意思，分别表示"它"和"他"。——译者注

方面表现出暴力倾向，另一方又不断自我催眠。健康的孩子以生病的兄弟姐妹为模仿对象，却将其所患病症的致命性特点排除在模仿范围之外了。

孩子们所表现出的嫉妒情绪，以及他们声称希望像患病孩子那样生病或残疾的念头在他们今后的心理发育中显得尤为重要。尽管这些想法颇为常见，甚至一贯如此，却很少得到父母真正的重视。事实上，父母们希望健康的孩子能够为残障孩子扮演起体谅父母难处的"小家长"角色；他们希望健康的孩子能够为自己分忧解难，在病人情绪不稳定时保持沉默，或陪伴举止极为幼稚的妹妹一起玩耍。当父母的要求遭到缄默回应时，他们往往解读为一种情绪上的"负迁移"，即健康的孩子拒绝以父母为榜样来照顾患病手足。

然而，我也遇到过这样一些孩子，虽然大多是青少年或年轻人，但在照顾患病的弟弟妹妹方面可谓全身心投入。

热雷米和凯文年纪相差一岁半，如今分别是二十三岁和二十一岁的大小伙儿了。热雷米在一场摩托车事故中受伤，从此半身不遂。这次悲剧发生于一年多前，当时兄弟俩正一起从某个朋友的生日聚会上回来。驾驶摩托车的热雷米伤势严重，凯文则侥幸逃脱，只受了点皮外伤。从此，弟弟对哥哥寸步不离，全身心投入到对哥哥的照顾中。目前还在读书的两人同住一间公寓，和共同的朋友交往。凯文从不会丢下热雷米独自出门，他们几乎成了一对连体兄弟。

凯文十分清楚，对哥哥的不离不弃来自他自己的负罪感：他为当初自己坚持驾驶摩托车赴宴而感到自责，也为自己在这场事故中毫发无伤而内疚。值得庆幸的是，凯文只是乘坐摩托车而已。如果驾驶摩托车的人是他，他的痛苦又会是怎样的呢？作为一名法律专业的学生，凯文决定钻研经济法，以便日后和就读于商校三年级的哥哥一起创办公司。

不难发现，某些孩子能够将弟弟妹妹的不幸升华为奋斗动力。几年前，一项对马赛医学院精神运动专业和语言矫正专业的学生展开的调查就曾指出个人经历在职业选择中的重要性。其实，这些学生中的大部分人都有一个身患残疾的手足，受其影响而将之升华为自己的追求，这样的现象甚至在很早时期就在家庭中显露出来。

埃玛纽埃尔正在庆祝他的十三岁生日。父母和三个姐姐围坐在桌旁，鼓励他吹灭生日蜡烛。以前谁能想象埃玛纽埃尔能够像现在这样幸福地被家人包围着呢？在连续生了三个女儿后，父母强烈地盼望着拥有一个儿子。然而命运无情地打击了这个家庭，这个孩子被诊断为自闭症。

是家庭"挽救"了他，避免了疾病的悲剧性演变。埃玛纽埃尔有一位时时在旁的父亲，一位极其坚强且有着不可撼动的乐观品质的母亲，尤其还有极为优秀的姐姐们。三个姐姐都明白他代表着"家庭的荣光"，一方面因为他是男孩子，另一方面因为他受自闭症困扰而在交流沟通上存在严重缺陷。因此几个女孩子进入了一场情感的竞技赛中。她们同母亲一样对弟弟的病情发展表现出积极乐观的心态，一起组织一种家庭式合作治疗，并分工协作。一个人陪埃玛纽埃尔玩耍，另一个负责辅助弟弟完成种种日常活动，第三个则陪他去康复中心或游泳馆锻炼。

这些照顾卓有成效，因为埃玛纽埃尔成功地适应了幼儿园生活。更加不可思议的是，在父母的帮助下，他还交到了一位和自己有着相同情况的自闭症病友。这段友谊对于两个孩子来说都受益匪浅，使他们逐渐克服了沟通上的障碍。接下来，他们都幸运地进入了一所针对该类儿童的专门学校就读，并在同一个班级学习，两个孩子的状况也都继续朝着积极的方向发展。埃玛纽埃尔在算术上表现出极强的才能，在语文上略差些；他的朋友则相反。但两人都在掌握语言运用能力的道路上逐渐进步着。

埃玛纽埃尔所患的儿童精神疾病正呈现好转，他也重拾家庭生活。当然，他还需要接受后续的追踪治疗，但只需要每年到儿童精神分析科报到一次就够了。这对小男孩来说是个好消息。当埃玛纽埃尔向一位医生道别时说"谢谢您不用再见到我了"，这意味着他已经真正开始了自己的生活。至于他的姐姐们，三个女孩都立志从事护理工作，一个想从事心身医学，第二个期待做一名心理学家，第三个则走上儿童精神分析师的道路。

遗传病

遗传病给多子女家庭带来了其他问题。以进行性肌萎缩症为例，如果该病症发生在九至十岁的哥哥身上，那么弟弟自然会产生这样的担忧："这一切将来会不会发生在我身上呢？我是相同病症的携带者吗？如果不是，我是不是爸爸妈妈亲生的孩子呢？得病的哥哥是我的亲兄弟吗？"

与弟弟的担忧正相反，遗传病有时反而能够起到巩固家庭归属感的作用。如果一位家庭成员是糖尿病患者，那么其他家庭成员都必须接受医学排查；当某一个孩子所患疾病较为严重时，反而拉近了病童和身为"疾病传递者"的父亲或母亲的关系，由此加强了两人的亲子联系，也许还会增强彼此间的情感关联。

此外，在同一手足关系中，孩子们会因某种共同疾病而结成同盟。如果在一个家庭中，三个孩子中的两个都患有同样的基因遗传病，这两个孩子就会因经历同样的检查，接受相同的治疗而发展出某种默契关系；第三个孩子将在一定程度上被排除于这个小团体之外，甚至被认为是不属于这个家庭的外人。那么，种种夹杂着嫉妒的复杂情感由此产生：这个健康的孩子会嫉妒其他两个生病的孩子，羡慕他们在情感方面获得的更多优势；而两个生病的孩子则步调一致地嫉妒这个有着健康体魄的同胞兄弟。

十岁的安东尼患有血友病。他有一个六岁的妹妹玛歌。两个孩子总是发生激烈的争吵，常常拳脚相向。妈妈总是这样调解儿女的矛盾：她告诉小女儿，等她将来成为一个小男孩的妈妈时，她也会偏向儿子的。这些话并没有使频繁找机会对哥哥动手的小玛歌冷静下来。玛歌心里十分清楚，自己的拳头会在哥哥身上引起血肿。此外，当得知自己被法式拳击班拒绝后，她决定去柔道班报名。玛歌简直就是个假小子。

在治疗咨询中，与玛歌的单独交谈显示她存在一些性别认知障碍，尤其表现为她对母性的恐惧。她对我说："我将来不会生孩子的。生孩子会肚子疼，尤其是后来，孩子们就生病了。"稍后，她又说自己想当一名老师。女儿的话让母亲格外伤心。想到自己也有一个患血友病的兄弟，她更加不能理解女儿的想法。

安东尼的健康问题使他不得不住进专门的医疗机构接受治疗。玛歌也想一同前往，这当然不可能。一向学习成绩优秀的玛歌于是不再用功读书了。每当提及哥哥的情况，玛歌就会说哥哥所在的医院比学校好，因为在那里老师只负责哥哥一人。她还称生病其实挺好的，"因为这样，医院就有更多的孩子可以照顾了。"

造成母女关系出现种种问题的根源来自血友病"传男不传女"的致病性。这种遗传病通过女性遗传给后代，但只在男性后代身上显现。安东尼的入院治疗更加加剧了母女间的隔阂：确实，妹妹的嫉妒情绪几乎已经成为调解、沟通或对抗母女关系恶化的方式和手段。现在困扰玛歌的问题在于，她想知道将这一"印记"遗传给哥哥的母亲是不是喜欢哥哥，是不是多过也会将该"印记"传递下去的自己。在这个医学案例中，小姑娘希望通过殴打哥哥，直白地表达她通过故意将安东尼的生命置于危险境地而希望看见哥哥死去的意图。如果说对于哥哥远离自己而入院治疗的事实，她又表现得无法接受的话，这是因为她更害怕独自面对母亲，面对这个时时提醒她背负着一个沉重遗传包袱的母亲。

在其他案例中，身体健康的老幺面对哥哥姐姐的疾病也能处理得很好。

雷米和弟弟西尔万都患有一种相同的遗传病。该病症是一种被称为"脆性 X 染色体综合征"的基因遗传病，会使人表现出运动机能不稳定，并出现语言障碍。大多数情况下，人们担心该病症会随着年纪的增加而加剧。

兄弟俩在同一所医疗教学医院接受治疗。然而，对两个孩子的确诊治疗却在他们的兄弟关系中造成了十分反常的影响：雷米觉得自己应该对西尔万的病情负有责任，然而医生首先确诊了弟弟的病情。是哥哥发育迟缓的现象引起了医生的怀疑，猜测西尔万也同样患有此病。

兄弟俩经常出现争执，时不时地就动起手来。他们的发展状况差距很大：雷米进入一家就业援助中心，完全适应了那里的工作，并具备了一定的独立生活能力；西尔万的发展并不理想，他仍然极度敏感和脆弱，仿佛这种疾病对其自尊心的伤害要远远大于因染色体病变而造成的残障。

西尔万出生后的第十年，父母决定再生一个孩子。于是，小女儿安娜伊斯诞生了。她虽然携带这种不正常的基因，然而这种遗传病却不会显现在女孩身上。安娜伊斯的苗壮成长令父母重拾快乐。小姑娘甚至在运动和心理状态方面都表现得十分出色。雷米和西尔万为此感到痛苦，他们十分嫉妒这个小妹妹，常常推她、掐她，偷她的玩具，抢她的奶瓶。兄弟俩异常幼稚的行为使人无法忍受，父母担心儿子们的举动会对小女儿产生危险。但安娜伊斯也不会任人摆布：才三岁的她，便开始有力地回击哥哥们的种种挑衅。渐渐长大的同时，安娜伊斯变得愈加专横。如今，六岁的她成了名副其实的"小指挥官",指挥着哥哥们列队齐步走。

　　所有的遗传病都因其世代遗传性和偶然性打乱了家庭生活的平衡。在某些遗传病中，一个含有缺陷的基因便足以致病；而在另一些病症中，须两个缺陷基因相遇才能使遗传病症显露出来。例如血友病，该病症最棘手之处在于如何判断一个家庭中的所有女孩里，哪些才是致病基因的携带者，因为并非所有女性都携带血友病基因。无论怎样，我认为，面对某个携带遗传病基因或患某种病症而导致个性发展障碍的孩子，如果不考虑该病症在其他健康手足中造成的影响，治疗只是空口白谈而已。

手足间的器官捐赠

　　当我遇见劳伦斯时，这个正就读于文科预科班的优秀女孩给我留下了相当深刻的印象。她刚刚失去了才满二十一岁的哥哥弗雷德里克。哥哥患有白血病，必须接受骨髓移植才有存活的可能。劳伦斯和姐姐克莱尔都与弗雷德里克配型成功，满足骨髓捐赠条件。但医生考虑到劳伦斯的年纪太小，于是决定让克莱尔为弗雷德里克进行骨髓捐赠。

　　劳伦斯告诉我，哥哥去世的时候，她正在美国实习，是父母和姐姐在病榻旁陪哥哥走完了最后一程。而劳伦斯是从她的美国寄宿家庭处意外得知了哥哥的死讯。出于一个小误会，寄宿家庭的家人们觉得不应该马上告诉她这个悲伤的消息。虽然内心极度痛苦，但劳伦斯还是平静地度过了失去哥哥的这段伤痛时期。

然而几个月后，劳伦斯因感到精神抑郁而来做心理治疗。她轻松地谈起了种种过往，并说自己理解父母为了不让她带着崩溃的情绪从美国回来而隐瞒哥哥病情恶化消息的做法。但是这份谅解并不能除去她心中对于哥哥的自责。长久以来，她一直觉得哥哥是这个家庭的宠儿，她为自己不能挽救哥哥的生命而感到遗憾。劳伦斯甚至对姐姐产生怨念，为什么要选姐姐来做骨髓移植呢？她补充道："再怎么说，他也是我的哥哥。"如今，劳伦斯陷入了一种同姐姐，甚至同死去的哥哥之间的痛苦对立中。

在器官捐赠的案例中，当器官移植手术失败后，捐赠者往往会产生一种负罪感，这是十分常见的状况。然而，在其他未作为器官捐赠者的同胞手足中，负罪感则鲜有产生。捐赠者为自己在对手足同胞的救治中没有表现得足够好而感到自责，为自己没能做到对手足同胞表现出足够的爱从而将其从死神手中救回感到自责。

捐赠骨髓，捐赠肾脏，这样的器官捐赠和献血是截然不同的两码事。父母留给器官捐赠者多少做决定的自由空间呢？不管器官赠予方是陌生人还是自己的兄弟姐妹，决定把身体的一部分捐赠出来绝非易事。许多父母却忽视了这一点，他们深信既然给予了孩子血肉之躯，那么孩子的身体同样归自己所有。如此，器官捐赠者便会感到自己仅仅是父母需要使用的一件物品而已，自己的身体是为了帮助另一个在父母眼中拥有完美形象的病童恢复健康而存在的。事实上，这样的捐赠难道不是一种胁迫吗？

所有的器官捐赠都应该建立在捐赠者自主自愿的基础上，但从实际操作来看，在手足器官捐赠的案例中，拒绝是绝对不可能的。例如一个孩子患有肾病，人们如何理解其兄弟或姐妹拒绝为他捐出一只肾脏的做法呢？上天又偏偏"馈赠"给每个人一对健康的肾脏。其实，许多捐赠者都试图提出拒绝，但他们清楚地知道，一旦拒绝做出牺牲，就等于亲手毁灭了这个家庭。世上还有比这更惨的悲剧吗？捐赠器官可以将家庭生活拉回到正轨。而对于父母来说，理由很简单："我创造了你，我给了你身体，那么我也算得上是你身体的主人吧。你怎么能够拒绝挽救自己的同胞手足，连身体的一小块器官都不愿意奉献出来呢？难道我们不是一家人吗？难道不是爱把我们每个人联系在一起的吗？"

在做决定的时刻，每个器官捐赠者都面临诸多问题的考验。当移植手术成功时，这些痛苦可能会逐渐消失；而手术失败，这种痛苦将被扩大十倍百倍。无论捐赠者年纪多大，他总会认为是自己不可告人的内心纠结才导致了同胞手足的死亡。总之，自己就是凶手！手足间器官移植的失败往往带来难以承受的痛苦，对于器官捐赠者，内心承受着一种深深的愧疚感的折磨，因此陪伴与后续的心理治疗是不可缺少的。相反，当移植手术成功，由于器官捐赠者的奉献与其身体的巨大能量挽救了徘徊于死亡边缘的亲人，他因此更愿意被大家视为一个令人尊重的人物，甚至是一位真正的英雄。

不是所有器官的捐赠都具有同样的价值，也不会在每个参与人员的心理状态方面造成相同的后果：捐赠一部分肝脏比捐赠一只肾脏要复杂得多，捐赠一只角膜与捐赠骨髓也没有任何可比性。某些捐赠甚至不可能发生，例如，我们无法想象一个男人捐赠精子以帮助患不育症的弟弟和弟妹孕育自己的孩子，或一个女人欣然将卵子赠予姐妹，使其像自己一样成为母亲。因此，在器官捐赠中有着一种严格按照心理病理因素为考量标准而令人瞠目的等级排行。

对于手足间器官捐赠的争论还有着另外一面：当一个青少年死于一场意外，父母决定将其器官捐赠，其他兄弟姐妹会如何反应呢？我们吃惊地发现，这些孩子会时刻心怀恐惧。他们害怕偶遇那些接受同胞手足器官移植的人，他们无法想象自己的手足变成了一块块的人体器官。而如果这些孩子与死者在生前相处并不融洽的话，他们会更加受到这些臆想的困扰。所以，人们就能理解为什么在器官捐赠中秉持匿名捐赠人原则。这项措施有助于维持所有参与人员和整个社会心理状态的平衡。如果没有这项措施，器官接受者可能会把自己想象成与捐赠者有某种联系的兄弟或姐妹。而在心理层面上，这样的关系无法存在。

生命科学以其超凡的能力不断激发起一个又一个新的争论。体外受精技术已经引出关于双胞胎或三胞胎的讨论。这些体外受精时间不同而被同时植入子宫的多个受精卵却因出生而实现了重新排序。如今，得益于对植入子宫前的胚胎进行诊断的先进技术，孕育一个为了治疗其患病哥哥或姐姐的孩子已经成为可能。

媒体总是不断向我们讲述这类家庭的种种怪异故事，他们常常提及多对生活在美国的夫妻（因为其他实施生物伦理法的国家禁止进行此类实验操作）。这些人接受了试管婴儿技术，培养了几个胚胎，并要求生物学家对这些胚胎进行基因分析，使他们可以在其中选择与自己生病的孩子配型相同的胚胎，希望出生的孩子将来能够救治自己的同胞手足。还有一些夫妇通过正常方式受孕后，也通过相似的技术，很快得出一个产前诊断。如果胚胎的配型与他们的预期不符，那么就借助人工流产手术终止妊娠。

几年前，在美国，一个叫莫莉的小女孩患有一种罕见的白血病。莫莉的父母向一组医疗团队求助，以帮助自己实现一个冒险计划。该团队接受了莫莉父母的请求，并为他们制定了胚胎筛选计划。在筛选了约十五个受精卵后，通过体外受精技术，亚当出生了。他的一部分骨髓捐给了莫莉，姐姐因此痊愈了。社会新闻对这一事件进行了童话故事般的渲染。满面笑容的母亲怀抱着两个孩子的照片登上了全世界各大杂志的头版。然而，这个故事还没有告诉我们莫莉和亚当的姐弟关系构建于何种基础之上。面对自己作为"药物"救治姐姐，亚当能否适应呢？莫莉能不能接受一直同自己的"救命恩人"生活在一起的现实呢？而如果移植失败了，莫莉没能存活下来，这个小男孩又会如何呢？会不会陷入这一切都是"自己的过错"，或自己没有完成父母赋予的任务的自责中呢？即使尚未出生，亚当的命运就早已被规划；从受精卵诞生的那刻起，亚当就已经被剥夺了自由。

患病孩子的离世

孩子的离世永远都是一个悲剧事件。父母必须接受不愿接受之事，难忍白发人送黑发人的悲伤。即便是经过了漫长的疾病治疗，孩子的死亡对父母来说总是上天的不公；他们情绪激烈，难以自持，陷入深深的悲痛中，往往忽略了家中其他的孩子，或使自己的悲伤情绪感染到每一个家庭成员。相比于去世的孩子在父母心中保留的理想形象，其他孩子总觉得自己不管在聪明才智上，还是在父母的心中都永远无法与之匹及。

就像所有的死亡事件一样，患病孩子的离世使家庭关系得到重组，也使每个人在手足关系中的位置发生了改变。老大的去世使老二的地位提升了一级，或使原来的老幺成了家中的独子。然而，理想的状态则是，每个人都应该保留自己原先的家庭地位，以便让逝者永远在家中占有一席具有象征意义的地位。

鉴于病情的严重性，虽然某些死亡可以预见，但鲜少有孩子能够对此有充足的心理准备。教孩子认识死亡是一个漫长的发展过程。在五到六岁前，孩子认为死亡是可逆的，死去的人有一天是会回来的；然而这并不能作为向孩子隐瞒一位亲人过世的理由。对于死亡，小孩子必须"了解"，并借助一些简单的词汇理解，进而能够提出疑问和获得解答。这是向孩子解释死亡这一残酷现实的最简便的方式。在失去一位兄弟或姐妹的同时，年纪较小的孩子也同时失去了一位游戏玩伴；家中的老幺失去了一位榜样与模范；而老大则遗憾地失去了一位盟友，一位推心置腹的知己。然而，时间与随之升华的共同记忆会帮助孩子战胜悲伤。

无论每个家庭的情况如何，某个孩子的死亡总会在其他孩子中引起某些愧疚的反应。事实上，当被嫉妒冲昏头脑时，试问哪个孩子从来没有在内心暗暗期盼过同胞手足的死亡呢？这是一种经常被深埋心底、藏在自我意识最深处的一种欲望，却有时会清晰地透过某些报复性的话语表达出来。试问生者如何带着这样的悔恨而活着呢？如何说服自己不相信这些阴暗想法具有的神奇魔力呢？

在我处理的儿童精神分析治疗案例中，前来接受治疗的孩子中很大一部分都是家里的老大，且经历了新生弟弟或妹妹的夭折。

六岁的萨洛梅是一个患有抑郁症的小女孩。父母深信孩子的现状是由弟弟的死亡造成。几个月前，弟弟夭折了。父母认为萨洛梅无法走出失去弟弟的悲痛。然而，其抑郁表现的根源在别处。

像大多数看到弟弟或妹妹出生的老大一样，萨洛梅也曾有意无意地用死亡诅咒过自己的小弟弟。她甚至想象出弟弟溺死在浴缸或因大哭而窒息等种种日常生活中常见的，却暗藏灾难性后果的场景。然而，巧合的是，萨洛梅的愿望成真了，她却变得难以面对真实的生活。虽然萨洛梅从来没有企图杀害弟弟，但在自己臆想的世界里，她认为自己就是凶手。

对于这类案例的心理治疗手段十分有趣。具体操作是：在父母不在场的情况下，医生与这些孩子四目相交，让他们知道产生希望兄弟或姐妹死去的想法是十分正常的现象。在单独的对话中，这些话语也是孩子们愿意接受的。实际上，只有精神分析师才能总结出这样的真理。而父母往往过于沉浸在对死去孩子的悲痛中，无法说出这样"恐怖"的事情。当孩子明白了是什么让自己变得不幸之后，明白了罪魁祸首是自己的愧疚感而非罪恶行为后，他们的状况便会逐渐好转。

通常而言，这些在家中排行老大的孩子来做心理治疗时，已经距离事件发生二三年了，他们的父母也刚刚生下了新的家庭成员。这个老么的出生，就像先前的那个一样，再一次唤起老大心中埋藏的对于死亡的欲望，孩子却因害怕自己的这些念头再一次杀死新生儿而感到痛苦不已。那么，这些痛苦往往通过一些心理症状表现出来。我认为让这些孩子在悲剧发生的时候就接受一些心理治疗将对他们的成长大有裨益。

在某些情况下，帮助父母渡过难关的往往是家里健康的孩子。然而有时嫉妒情绪在孩子的心中久久挥之不去，会导致一种有害心理状态或病态心理的产生，世世代代在家庭成员中造成了难以愈合的创伤。心理科的候诊室里挤满了身体健康的孩子们，但同他们的父母一样，这些孩子有着相同的问题，承受着相同的困扰。对于儿童精神分析医生来说，给予这些问题儿童以帮助，使他们转变成帮助父母走出阴霾的治疗小助手是一项多么重要且振奋人心的事业啊。

9

重组家庭的手足关系

九岁半的尼古拉就读于四年级，在班里成绩出色。这个小男孩是由他的家庭医生引荐到我这里的。他有时感到头疼，频繁地出现腹痛症状。当面对突如其来的变化时，他的焦虑情绪会通过遗尿症状表现出来。尼古拉的父母在他两岁半时离婚了，而上述种种困扰也随之产生。

尼古拉的手足关系颇为复杂。他有一个八岁半的亲弟弟奥利维耶，也就读于四年级；另一个四岁半的弟弟阿尔邦是母亲与第二任丈夫所生；还有一个八个月大的妹妹拉腊是在母亲的第三次婚姻中诞生的。虽然尼古拉嘴上说和弟弟妹妹没有什么矛盾，转过身却指责奥利维耶是个捣蛋鬼，批评阿尔邦乱说闲话，只有妹妹拉腊躲过了哥哥的语言攻击。尼古拉觉得弟弟们是惹人厌烦的小伙伴，年纪尚小的妹妹则因为与他们较大的年龄差距，仿佛成了这两人的救赎"天使"。

尼古拉向我透露了自己的小秘密："问题，其实不在他们，也许在于我的父母。"我问他是否希望父母仍然在一起时，却得到了他斩钉截铁地否认："都已经离婚了，他们还吵个不停。要是没离，那还不得吵翻天！"说到这里，尼古拉想起了最近发生的一件事：

上个月，他在玩倒立的时候手腕脱臼了。父母为此发生了激烈的争执。

这个案例表明，孩子会通过身体反映出某些心理问题，甚至借由意外事故的发生来表达自己在手足关系中遭遇的种种困扰。针对这种情况的治疗方案应该分为两个阶段：首先，通过放松治疗调节身体机能；其次，在此基础上进行有效的心理治疗。

十一岁时，劳伦表现出儿童抑郁症的所有症状特点。对于父母离异，他感到一种深深的焦虑，用他的话说就是"很难消化"他们的分开。这个孩子总是萌生一些消极的念头，只有和母亲在一起时才略感好转。然而他必须克服对母亲过于依赖的亲子关系，因为这种关系会严重阻碍他步入青春发育期。

然而他的故事并非如此简单。一年前，他才刚刚接受了一次心脏畸形矫正手术，该病症很晚才得以确诊。对于自己的天生缺陷，劳伦感到自责，这次手术加重了他的抑郁情绪。此外，还有一个特殊的情况，五岁半的妹妹也总使劳伦陷入深深的苦恼中。其实，这个小女孩被父亲拒之千里，因为他觉得女儿并非自己亲生。长期以来，每当劳伦去父亲家时，一切关于妹妹的话题都是被禁止的。母亲只能借助某些基因检测才让前夫承认其生父身份，并强迫他给女儿一个和劳伦一样的家族姓氏。因此，这个小男孩同妹妹之间的兄妹关系十分复杂，既建立在吸引之上，又建立在反感之上。如此一来，我们便能更好地理解劳伦心理状态如此脆弱的原因了。

以上两则案例都强调了因父母的离异而导致的诸多几乎不可避免的问题。即使离婚手续准备充分且规划合理，即使孩子们被置身这场变故之外，但不管他们年纪多大，都会因此承受着苦恼。此外，父母不要自欺欺人了：在做出彼此分开的决定后，已经有越来越多的夫妻前来向我咨询，希望提前采取心理预防措施以避免因他们的分开而给孩子们造成困扰。

其实，在父母离异后，孩子在心理上产生的后续情绪波动是巨大的，因为他们从此必须学着和妈妈或爸爸一方独自生活。而身边的兄弟姐妹并不能被视为一种支持，因为每个孩子都有各自的困扰。每个人表现出的自我封闭倾向令手足间的一切沟通交流变得更加困难，且每个人都暗自揣测是不是自己造成了父母的不和。这种状况在年纪最小的孩子中表现得尤为突出，某些孩子可能表现出情绪不稳定的症状，这显然会扰乱他们与兄弟姐妹的关系。

每当孩子们聚在一起谈起父母的分离，老幺总会向哥哥姐姐们提出关于父母离异可能导致的后果。虽然这些提问的范围有限，却能够使孩子将自己内心的困扰疏导出来。只有等孩子长到七八岁时，虽然内心仍然不能承认，但此时的他们已经能够理解父母分开的原因了。

诺埃尔的父母已经分开四年了。那时他才五岁。这意味着诺埃尔同时失去了父亲和比自己大七岁的哥哥唐吉。事实上，哥哥无法接受与父亲分离，因此决定和父亲一起离开。直到父母离婚后的第三年，哥哥才搬回来与诺埃尔及母亲同住了仅仅一年。

在妈妈的请求下，诺埃尔接受了唐吉。他在家里总是神色悲伤，在学校里抑郁消沉。然而他有着出色的人际沟通能力，能和母亲及父亲各自的伴侣融洽相处。但其实他更希望和哥哥的关系也能这样融洽。兄弟俩鲜少发生争执。这反而更糟，因为唐吉几乎无视弟弟的存在。这个青春期少年将时间都花在了游戏机上。自从父母离婚后，唐吉也不再跟母亲说话，与其他家庭成员几乎不往来。我认为游戏为唐吉构建起自我封闭的空间，切断与母亲的一切联系，摆脱因父母离异给自己造成的痛苦。

诺埃尔则有着较强的家庭观念：他为自己有个哥哥而感到幸福，并且希望和哥哥保持正常的兄弟关系。然而，他不知道该做些什么。他甚至觉得自己已经忘记了有哥哥是怎样的一种体验。哥哥如独生子一般的行为举止也是可以理解的，因为这种身份在诺埃尔出生前就已经整整维持了七年。唐吉对母亲产生反感，暗暗责备她生下了弟弟。他选择与父亲离开也正是为了重新找回自己独一无二的地位。面对这样的情况，诺埃尔只能痛苦地接受并努力适应。他需要第三人从旁协助，帮助他经常性地吐露内心的苦闷。

如今，五分之二的婚姻走向失败，以离婚告终。这就意味着有一大批孩子承受着父母离异的痛苦。在法国，他们中的一百万人必须与父亲或母亲分离。但这一数据只是针对那些在法律程序规定下正式解体的婚姻关系而统计出的婚生孩子人数，那些未婚同居所生的孩子则不在该数据之内。如果同居双方并没有在孩子的监护权或财产分配问题上产生分歧，双方和平友好地分手，便不会引起任何外界的关注。

离婚现象日益增多，尤其频发于夫妻刚刚组建起真正意义上的家庭婚姻关系的头四年里。然而一些上了年纪的夫妻在孩子步入青春期后也走到了婚姻的尽头。值得注意的是，近几年来，爷爷奶奶们也走上了离婚这条路，这往往使子孙后辈们失去了重要的家庭历史参照。

罪魁祸首就在我们之中

父母的离婚或分居会在子女中引发一些特殊的问题，每个孩子以自己的方式经历着这场家庭动荡。许多考量因素牵扯其中：年龄、脾气秉性、排行以及个人在家庭中的成长经历等。

对于一对承担家庭重任的夫妻来说，分开绝非是一时冲动的决定，而是经过了一段或短或长的冲突爆发期，或发生于其中一方长期失职之后。但对孩子们来说，他们仍然觉得父母的分开显得仓促且难以理解。父母的解释欺瞒不了他们。这种每况愈下的家庭氛围几乎总在孩子们之中引发一种不安全感：他们观察到父母的关系正逐步恶化，隐隐察觉家中正在发生着某些变化，却又无法预测这样的糟糕关系到底会发展到何种境地，会带来怎样的后果。即使他们当中的多数人从同学那里知道了"离婚"一词，却并不知道这个词随之引发的情感痛苦。

通常而言，面对父母的争吵和无法解释的"神秘消失"，孩子间的手足情感会在第一时间得到增强，仿佛孩子们尝试着在他们之中重新建立起父母已经无法给予的安全感。然而，尤其当分开已成事实的时候，这种在逆境中形成的凝聚力抵挡不了父母关系的日益恶化，手足间便可能因此产生出新的竞争关系。

塞德里克和萨拉一直以来冲突不断，兄妹关系十分糟糕。当妹妹萨拉一出生，父母便分开了。如今，两个孩子跟随母亲生活，会经常去爷爷奶奶的住所和父亲相聚。

塞德里克的观点很明确：妹妹是个惹人讨厌的家伙，她总是搅得自己不得安宁。然而，妈妈却还总是将更多时间用来照顾妹妹。证据就是每次睡觉前，妈妈都会不停地亲吻妹妹；而当自己和母亲道晚安时，却换来母亲批评不乖乖睡觉的责怪。塞德里克深信所有批评都因妹妹而起。母亲承认自己对待儿子的态度有些强硬，那是因为她在儿子身上看到了自己：儿子同自己的性格一样，长相也非常相似。

塞德里克总是像个细致入微的观察家，甚至像间谍一般观察着母亲对妹妹的一举一动，同时也细细衡量着妹妹对母亲的情感。从母亲怀孕以来，塞德里克就不希望自己会有一个小妹妹。他总是拍打自己的肚皮，还把空荡荡的摇篮床晃来晃去。他曾说想要一个和自己同龄的表妹，因为至少这个表妹不会一直和自己住在一起。如今，他激动地承认自己深信父母的离婚都是妹妹的错，"因为从她一出生，他们就分开了"。

我接手过不少与之类似的案例。家庭中最小的孩子，有时被视为挽救夫妻婚姻的"黏合剂"，在老大眼中却是这场失败婚姻的象征。孩子们很早就知道了支配自己生存状况的因果准则：当他们表现得善解人意时，就会得到奖励；当他们犯错误时，就会受到惩罚。父母的婚姻濒临破碎时，由于孩子们深爱着父母而不会将其视为有罪之人，那么一定是手足中的某个孩子铸成了大错，才导致父母分开。这一项最终惩罚完全合乎逻辑。何况，没有父母亲口向孩子们吐露自己的愧疚。

所有新出现的或难以理解的现象都使孩子们产生了过度的解读，并将之逐渐转化为证据。另一个孩子的出生本就已经扰乱了家庭原有的关系，更被看作是引发种种怀疑的合理缘由。孩子们注意到，自小宝宝出生以来，妈妈就不是原来的妈妈了：她越来越粗心，越来越悲伤，也更容易发火了……孩子们既不理解这种抑郁状态对于产后女性来说是"正常"现象，也不曾想到母亲的抑郁是由夫妻矛盾导致的。仅凭一连串事件，他们便得出结论：这个"小不点"是造成父母分开的罪魁祸首。这一结论似乎也通过这个"小不点"的态度得到了印证，由于年纪尚小，这个被哥哥姐姐指认为"罪人"的老幺表现得也不像其他孩子那样难过。

面对父母的离异，孩子们因年纪不同而各自表达痛苦感受的方式也不尽相同。老幺们要么往往压抑内心情感，通过闭目塞听的方式表达内心的焦虑；要么表现出极强的暴力倾向，哥哥姐姐便成了他的受害者。年纪较大的孩子会表现出羞愧和罪恶感，他们对目前的状况感到很不适应，与弟弟妹妹们的关系也十分紧张。

然而，尽管父母的离异已成事实，时间仍然会抚平孩子们心中的部分创伤，因为在潜意识中他们会不断安抚自己，心中仍然希望一切能够再次回到从前。

塞戈莱纳并不十分清楚自己来见我的原因。她的父母则抱怨女儿常常胡言乱语，成绩糟糕。母亲还指出女儿有注意力不集中的毛病。

塞戈莱纳是个惹人喜欢的小女孩。虽然才十岁，她已经明确知道自己将来要做什么了：当一名演员。她是两个姐姐最宠爱的妹妹：一个二十岁，为了工作中断了学业；另一个十六岁，因为学习成绩差正在复读高二。塞戈莱纳的父母都没有读过大学，因此她背负着全家人的希望。父母对自己将女儿安排在一所名校读书的决定十分满意，然而这很可能就是造成她种种困扰的原因所在：长期以来，她的成绩一直处于中等水平，而现在她很快发现自己成了一名差生。

此外，她的胡言乱语以及注意力问题源于另一起事件：将近一年来，她的父母几乎一直处于分居状态。父亲始终犹豫自己是维持现状还是重新追求新的生活：他离开家，几天之后又回来，又一次离家，再一次出现……面对这种"失踪"分居，塞戈莱纳必须幻想家庭以后的发展，调动所有的想象力维持自己对父母还会重新生活在一起的幻想。她的种种臆想加深了胡言乱语症的发病倾向。

因此，塞戈莱纳需要接受心理治疗以面对因父母的分开而产生的痛苦。也许从此之后她会重拾活力，专注于追求自己的学业。

然而，随着时间推移，孩子们会逐渐理智面对：父母永远也不会再生活在一起了。他们必须接受家庭生活的改变而带来的痛苦，并区别性地调整自己对父母的爱。一些孩子会与母亲较为亲密，另一些则跟父亲相处较为融洽。当孩子中的某些人选择站在父母一方身边而伤害了另一方的情感时，便会在手足中引爆激烈的矛盾对立。尤其当孩子进入青春期，由于"俄狄浦斯情结"的卷土重来，分歧往往表现得更加剧烈。

做出抉择

父母的分开将孩子们卷入了一连串或多或少带有过渡性质的家庭局面之中。他们中的大多数会先跟父母中的一方生活，形成了所谓的"单亲"家庭。

其实绝大多数的离婚案件都会使夫妻中的一方陷入孤立处境，并为此承受痛苦。某些人会度过一段意志消沉时期，这种状况也势必会在整个家庭生活中引起某种回响。孩子们会因此彼此指责是这种困扰的始作俑者，或仍然认为他们中的某一人没有付出足够的努力来帮助处于困境中的父母。

奥雷莉和阿曼达的父母已经离婚三年了。当时已经年过五十、有两个女儿的母亲很难接受这迟来的分开。由于不能正视这种状况，母亲表现出极大的忧伤和对未来生活的迷茫，呈现抑郁倾向。半年前，完成大学学业的大女儿奥雷莉离开母亲和妹妹，前往国外一所大学深造。自从她走后，正在读高三的阿曼达便不再努力用功了，几乎每晚都出去玩到深夜才回家。看见女儿如此糟蹋自己的学业，母亲将她带来见我。

我与阿曼达的单独谈话使她开口说出了那些不能对母亲说的话。如今，她独自和母亲生活在一起，要一直面对母亲的抱怨，还要鼓励母亲重拾生活的信心。当姐姐还在的时候，两姐妹可以分摊这项任务，但现在她必须独自承担。阿曼达对此再也无法忍受，想要逃离母亲的悲伤情绪。阿曼达尤其对奥雷莉心生埋怨，认为姐姐出国深造只是一个借口而已，其实是为了远离这个家庭而过上正常的生活。阿曼达因此拒绝将所有事情扛在自己肩上。

在同单亲父母生活在一起而给孩子们所带来的困扰中，有一项便是父母会将他们视为倾听者，强迫他们分享自己遭遇爱情"滑铁卢"的不幸。孩子们因此必须扮演起安慰者的角色，而与此同时，他们自己却又渴望确认远离自己的父亲或母亲还一如既往地爱着自己。然而，我经常发现孩子们往往选择站在他们觉得处于弱势地位的父母一方，且积极地扮演着捍卫者的角色。

父母的离异也会扰乱手足关系中的角色定位。如此一来，老大经常担负起缺席一方的家长职责：女孩们扮演起妈妈的角色，而男孩们则延续已经离开家庭的父亲的权威。

一旦离婚宣判既成，夫妻彻底分开后，孩子们的生活必须在两个家庭间协调重组。我们鲜少看见由于法律判决或父母意志而引起子女间手足关系破裂的案例。这何尝不是一件幸事，因为在这种情况下，兄弟姐妹的分离常常意味着正常手足关系的彻底终结。

我在一件涉及司法鉴定的案件中认识了利斯，因为这个女孩拒绝接受同自己分开居住的母亲提出的探望要求。可以说，她的故事相当独特。

八年前，利斯的父母离婚了。他们育有两个孩子：九岁的利斯和两岁的巴西勒。他们的父亲无法接受夫妻分开的现实；他情绪抑郁，威胁称如果妻子离开他们的家就选择自杀。为了帮助他度过这段孤独期，母亲决定将利斯留在前夫身边，自己则带着儿子躲到娘家居住。就这样，利斯觉得自己被赋予了一个双重角色：精神分析科护士和代理"妻子"。

时间就这样过去了，利斯几乎再也没有见过母亲和弟弟。

如今，母亲又一次出现，想恢复与女儿的联系。她希望可以获得在离婚时没有申请到的探视权。但事情就是这样，利斯果断地拒绝再次同自己的母亲和弟弟见面，也不承认自己是他们家庭的一分子。

对于自己如此的态度，利斯有若干理由。这不仅仅是因为她感到自己在情感上遭到了母亲的遗弃，同时也因为母亲的离开将自己与父亲置于一种"乱伦"状况中——当然这只是从情感角度来看，而非性关系的角度。此外，她拒绝接受弟弟的存在，是因为当父母分开时弟弟还很小，利斯没有参与弟弟的成长过程，没有和他拥有过共同的记忆和任何形式的家庭联系。父母的分开使这对姐弟关系的建立成为泡影，也抹去了他们之间所有的手足亲情。

利斯的母亲对女儿的态度表示不解。然而，女儿的行为举止并没有什么"不正常"。那是因为利斯要照顾情感脆弱的父亲。因为父亲没有再娶，她也就取代了那个离他而去的妻子。

多数情况下，夫妻之间虽然存在分歧和怨恨，但他们认同法官的意见，出于为子女情感发展的利益考虑，他们都愿意在即使离婚的情况下维持目前的家庭生活。因此，孩子们得益于这一家庭生活的理想形象而比任何时刻都更加团结。兄弟姐妹间的手足之情成为扼制夫妻关系破裂的必要砝码。

离婚总是暗含"损失"之意。由于在大部分离婚案件中孩子的监护权被判定给母亲所有，故父亲往往是遭受损失的那一方。丧失监护权的父亲或母亲享有探视权，这对孩子来说并不能补偿其平日里的缺席。此外，我们经常可以看到这样一种我称之为"OK牧场症候群"的现象。"OK牧场"是马赛市附近的一间游乐园的名字。这意味着在两天的探视时间中，父亲总是积极配合孩子进行各种游戏和娱乐活动，而这些在他离婚前却从没做过。

许多孩子都对于父亲或母亲决定离开家庭的现实无法释怀。有时，他们甚至强烈地反对去该父母的住处探望，女孩在这方面表现得比男孩更"记仇"些。多年以来，我一直参与到一些涉及儿童拒绝父母行使探视权的法律鉴定案件的工作中。通过观察这些处于青春期的女孩拒绝同父亲见面的诸多案例，我经常在她们身上发现性别认知障碍的某种表现。如果当初父母没有离婚，她们可能也会受到来自其他方面对于男性形象认知的困扰。离婚实际上恰恰揭示了某些更为久远的心理困扰。在这类事件中，母亲往往被错误地谴责为操纵女儿意志的幕后指使者，而其实反抗源自青春期少女自己的内心世界。

在探视期间，孩子们只能在周末或几周的假期里和这位"缺席"

家长相处，然而这并不能满足孩子尽情表达爱意和感受他们所需的全部情感回馈的要求。这些有限的时间反而会成为嫉妒滋生的温床，孩子间不断进行着各种比较：谁才是最得宠的一个，谁才是获益最多的一个。孩子内心的失望沮丧由此产生。当其中的某个孩子拒绝接受此类探视活动，但他（她）的兄弟姐妹却与父亲或母亲度过了一段快乐的探视时光时，兄弟姐妹在这个孩子的眼里就如同背叛手足感情的叛徒！沮丧感也因此变得更为真实。孩子对其手足指责的激烈程度自然也与父母离婚后的相处状态有着紧密的联系。

我认为法律层面关于判定丧失监护权的一方对孩子仍负有教育义务的新举措，尤其可以帮助父亲建立起与孩子之间更为紧密的亲子关系，避免他们就此"辞职走人"。父亲的角色是孩子进行身份认知的重要参照，和促使孩子与母亲实现个体分离的关键因素。与母亲生活的孩子会与母亲产生过于亲近的关系，尤其是当孩子遭遇爱情挫折，更会增强这样的依赖感，而父亲的存在可以避免这种情况。

此外，交替监护权的正式设立意味着孩子可以在父母双方各自的居所居住相同的时间，这就保证了孩子与离婚父母之间情感关系的维系。虽然这一体系存在一定局限，例如父母间是否保持良好的关系，各自居住地之间距离远近，孩子的所有物品，如学习用品都必须购买两份等，但我仍然觉得这是最适应孩子心理平衡发展的方法。

尽管如此，交替监护仍然被视为是一种过于理想化的解决手段。

那不如将交替改为轮流形式的监护吧！也就是说，没有"正式"监护权的一方（即孩子并不在其居住地办理正式居住手续的一方）可选择在一周中的某几天接孩子过去居住，如周二和周三，而不用依据现行的"1-3-5"模式，即每个月的第一、第三（及个别月份的第五个周末）才能与孩子相聚；也可以选择与孩子共度半个假期。

融入新家庭

在 85% 的离婚案例中，这种往返于单亲父母之间的生活并不会持久。在父母离婚的几个月或几年后，孩子逐渐了解了重组家庭的"乐趣"。父母一方或两人都找到了各自的伴侣，通过再婚或同居的形式建立新的家庭。如此一来，新的手足关系便产生了。这一关系的组成分为两种情况：一种与自己具有一半血缘关系的手足所组成；另一种夫妻双方经历多次婚姻关系，新的手足关系甚至是由一些与自己无血缘关系的"假兄弟"或"假姐妹"所组成。随着时间的推移，在一个关系复杂惊人的家族图谱中，实现自我定位往往成了一件难事。

让我们来试着解决这个关于手足人数的小问题吧：蒂埃里和韦罗妮克结婚了，他们育有两个子女，接着便离了婚。蒂埃里与已是两个孩子母亲的埃莱娜重新组织家庭，韦罗妮克则和两个女孩的父亲艾蒂安走到了一起。这两对新夫妇各自都育有一个孩子，也都各自相继离婚。蒂埃里结识了带着一个孩子的塞西尔，韦罗妮克与热拉尔结婚，成为另外两个孩子的继母。他们各自又与新伴侣育有一个孩子。与此同时，埃莱娜和艾蒂安也都分别找到了人生伴侣，而他们各自的伴侣也都育有一子。

那么请问：这个"大家庭"中一共有多少个孩子？有多少个具有半血缘关系的孩子呢？[①]

重组家庭并不是什么新鲜事物。在遥远的年代，重组家庭多发生在一方配偶过世之后另一方再婚，并组建起新的家庭。新爸爸被冠以"继父"之名，新妈妈则成了"继母"。当继母与丈夫前妻所生子女之间的关系恶化时，往往就被人称为是"后妈"。在重组家庭中，所有孩子同住一个屋檐下的情况却鲜少发生：为了尽量避免同居生活中的种种问题，那些来自父母第一段婚姻关系的孩子们往往被送入全日制早托班或寄宿学校生活。

早期关于重组家庭的最经典案例之一便是十七世纪法国文学家夏尔·佩罗笔下的故事——《灰姑娘》。开篇是这样的："从前有一位乡绅，续娶了一位被人们称为'拥有谁也不曾见过的最高雅气质'的女人。她有两个脾气秉性和外貌长相都跟自己如出一辙的女儿。乡绅这边也有一个女儿，一位无比温柔、善良的年轻女孩。"

这个年轻的女孩就是灰姑娘。就这样，她成了两个"假姐姐"的女佣。我用"假姐姐"一词，是因为灰姑娘同她们之间不存在任

---

① 答案：一共有15个孩子。蒂埃里与韦罗妮克所生的两个孩子共有4个具有半血缘关系的兄弟姐妹和9个通过婚姻关系产生的"假兄弟"和"假姐妹"。在这些孩子中，每个孩子当然都有血缘双亲（两位）和12位继父母。因此，这个重组家庭总共包括27个人。这还不包括祖父母们和周边亲戚呢！

何血缘关系。每天，灰姑娘都默默忍受着姐姐们的侮辱和责骂。她甚至得帮她们为赴王子组织的盛大宴会而做各种准备工作，然后含泪看着她们动身出发。然而虽身处不幸，这个年轻的女孩却有一个帮手。这是一位仙女，是母亲生前替女儿寻觅的教母。正是在教母挥动仙女棒的一瞬间，灰姑娘从置身一堆杂物活中的女仆变成了一位足以吸引王子注意的美丽女子。虽然两位姐姐百般刁难，变身之后的灰姑娘拥有了更多追求幸福的权利。

这便是夏尔·佩罗笔下关于灰姑娘故事的版本。接下来，让我们看看精神分析师们，尤其是美国心理学家布鲁诺·贝特尔海姆是如何解读这一故事的。

灰姑娘的两位姐姐妒火中烧，不惜一切代想把这个可怜的女孩赶出她们的新家庭。探视权使孩子们认识了与自己分开居住的父亲或母亲在离异后重新组织家庭时拥有的另一群孩子。这些孩子却常常害怕这种状况会一直持续下去：一对离异夫妇的独生子会觉得父亲更喜欢现在的女儿，因为她一直和父亲生活在一起。

灰姑娘的后母霸道独裁地控制着这个女孩，希望自己的美貌能与之匹敌。需要注意的是，在这些童话故事中，恶毒的母亲总是带着"后母"的标签，以防读者将其同作为孩子守护者形象的善良生母混淆起来。此外，憎恶与敌意的主题被安排在《灰姑娘》及其他童话故事情节中，总是通过不同婚姻关系中的孩子们之间的相处而表现出来；作者们试图通过此举隐约透露这一信息：如此的仇恨在血缘手足关系中是不可能出现的。

灰姑娘从来也不反抗现状，她默默忍受着两个姐姐的颐指气使。她的顺从可能是一种内心愧疚感的体现：她发现自己无法使母亲陪伴在身边，而压抑自己对父亲的依恋情感又使她痛苦不已。于是，她觉得自己罪有应得。

灰姑娘不仅是两个姐姐展开手足竞争的对象，同时也被后母视为迷惑自己丈夫的小妖精。实际上，父亲曾对灰姑娘说："你和你母亲一样美丽"……因此，撇开被家庭抛弃、被安置的悲惨命运，以及身体所承受的痛苦等主题不谈，这个童话故事也强调了种种乱伦的风险；这也解释了灰姑娘为什么收起美丽容颜，整日灰头土脸做着最脏最累的活儿。

灰姑娘是个完美的孩子，不仅表现在她完成了别人交给她的各种家务活上，还体现在她对逝去母亲的无上崇拜中，更不用提她对继母和两个姐姐表现出的十足顺从。然而，似乎她周围没有任何人发现这些优点。当孩子在手足竞争关系中遭遇挑战时，若感受不到他人公正的评判，则会认为自己的优点永远也不会得到他人认同。

悠闲地坐于家中与灰头土脸地操劳，灰姑娘的这两种生活分别展现出母亲在世时的温暖陪伴和去世后的悲惨遭遇。灰姑娘种在母亲坟前的那棵榛子树苗象征着时光的流逝。在她的泪水浇灌下，这颗树苗长成了参天大树。然而每次她与继母四目相对时，关于亲生母亲的记忆又再一次被唤醒，更使灰姑娘对过去难以释怀。

榛子树日益长高，成了灰姑娘的守护者，且具有了魔力。灰姑娘充沛的泪水展现出她对于母亲的鲜活记忆。随着小树苗的生长，灰姑娘愈来愈将这份思念深藏心底。小树苗同灰姑娘一起长大。然而，如果不是父亲当初送给她一根枝丫的话，这一切都不可能发生。

因此，是父亲默许了母女之间亲密情感的建立，也因此使女儿渐渐远离自己，并具有了将情感投入到另一个男人身上的能力。从这一刻起，手足竞争对灰姑娘来说已无任何影响，因为随着其苦难的升华，她拥有了接近幸福的能力。只有王子才能给予她这种能力。

故事的关键转折点便是试穿水晶鞋的桥段。这个能恰好容纳身体某个部分的饰品可以被视作对于女性阴道的暗喻。此外，制成鞋子的珍贵材料具有脆弱的特点，暗喻了女性的处女膜。如果要问灰姑娘为什么要从舞会中途匆忙离开，那就是为了保护自己的童贞。她热切地希望王子能来找寻自己，为自己穿上水晶鞋，并在同一时刻将戒指套在自己的手指上。

这段情节包含了几个使人印象深刻的关于手足竞争的场景。灰姑娘的两个姐姐不惜一切代价阻止妹妹实现梦想。为了强夺水晶鞋，她们不惜互相诋毁以求获得王子的青睐。她们甚至毫不犹豫地以削足适履的方式企图将脚塞入这只狭小的鞋子中。这个场景展现出备受弗洛伊德派理论青睐的关于女性阉割情节的某一个方面。灰姑娘脚上这只狭窄的水晶鞋印证了这个女孩光彩照人的女性特质。相反，两个姐姐的大脚则使她们阳刚味十足，毫无任何魅力可言。

王子在灰姑娘身上看到了一位没有受到阉割情结困扰的女性形象。这样的女性可以抚平王子心中因男性阉割情结而带来的烦闷，并可以与之建立幸福完美的婚姻关系。灰姑娘答应嫁给王子，因为王子对她表现出了情欲。当她将脚放入水晶鞋的那一瞬间，也就通过此举肯定了自己将在他们的性关系中扮演积极角色。两个姐姐后来都受到了惩罚。由于她们无视灰姑娘的种种品质，最终落得个瞎眼的下场。

关于孩子遭到半血缘手足排斥的主题在许多故事中都有所展现，但我认为这些故事放在当今的重组家庭中已不再具有代表性。在上述情节中，孩子们遇到的困扰主要集中在如何分配父母疼爱的问题上。而在当今社会，在绝大多数重组家庭中，孩子的亲生父母都健在，并能同时对孩子行使父母的职责。因离婚而分开的父母必须付出更多努力共同为孩子的将来协商决定，他们各自新的人生伴侣也应该在此过程中扮演起积极接纳孩子的继父与继母这一角色。

重组家庭的手足

在某些子女数量颇多的家庭中，这些孩子未必一定共同生活在一起，而是每逢家庭节日聚会才聚在一起。这其中，某些孩子间可能建立起种种默契联系，其他孩子则冷漠地生活在这段新的手足关系中。我们经常看到这样的情况：某些并没有血缘关系的孩子可以发展出友谊，甚至建立深厚的情感。在这群扩大了的兄弟姐妹关系中，他们可以与其中的一到两个男孩成为真正的兄弟，甚至比自己的亲生兄弟还亲；或者和一到两位姐妹关系亲密，将她们视作自己的亲姐妹一样。孩子们的行为证明了他们已经具备出色的社会交往能力，并且这种能力在家庭范围内部可较早地表现出来。

然而，我们不能忘记当孩子们年纪尚小或正值青春期时，矛盾冲突显然是最频繁的。不得不分享生活空间往往是造成矛盾分歧的导火索，重组家庭中子女的竞争关系也反映出孩子在父母情感分配上遭遇的困扰，他们彼此间的剧烈矛盾也会因此带上一丝仇恨的色彩。

所有这些情感困扰解释了孩子将暴力倾向发泄在取代亲生父亲或母亲的那一方家长身上的原因。这种暴力倾向也可能直接作用于自身，或转向与自己关系逐渐恶化的亲生父母。尽管一些社会研究者言之凿凿，证明孩子们可以在重组家庭中健康成长，但我仍然认为，与亲生父母分离对孩子来说总归是一项考验。

十五岁的约瑟芬在四个孩子中排行老二。她与弟弟妹妹的关系较为融洽，其中一个是亲弟弟，另一个是两岁的同母异父的妹妹。相反，她与十七岁的姐姐总是针尖对麦芒，经常发生激烈的争吵。

两年前，约瑟芬的父亲在一场车祸中丧生。母亲改嫁给了丈夫的兄弟，也就是约瑟芬的叔叔，他同时也是约瑟芬的干爹。两人婚后生下一个名叫弗洛里亚娜的小女孩。从母亲得知怀孕的那天起，这对母女的关系就开始逐渐恶化。这个正处于青春期的少女拒绝接受母亲会在第二次婚姻中生下孩子的事实。同时，这个年轻的女孩与"继父兼叔父"相处得也很糟糕。在她看来，母亲与这个男人的结合就是对父亲的背叛。

这个故事中最令人不可思议的地方在于，约瑟芬竟然非常喜欢自己的小妹妹。当她心情不好时，照顾小婴儿的工作甚至能让她获得些许安慰，仿佛是小弗洛里亚娜在帮助自己克服种种困难一样。

我总是吃惊地发现：那些建立新家庭的父母是如此坚信孩子们

会爱上自己的新伴侣，爱上那个自己深深痴迷而不惜为了对方结束第一段婚姻的人。另外，父母还要求孩子们用相同的手足之情对待新伴侣的孩子们，仿佛一切都是理所当然的样子。孩子们从此将和这群新的兄弟姐妹共同生活，而他们只能在探视权阶段才能见到自己的亲兄弟姐妹。父母这种不切实际的幻想令人震惊。但我必须通过一则事例告诉他们一个因父母离异而与父亲分开生活的孩子的真实所想："爸爸照顾着一个年纪和我一样大的男孩，他们每天都生活在一起，他看到我的时间却那么少，而我还要爱这个孩子！"诸如此类的情况将不可避免地引发某些竞争与对立。

成年人总是认为孩子必须接受自己的思维方式和观点，却没有意识到孩子正处于成长的构建时期，不像他们那样正处于婚姻家庭的重建时期。其实，在几年时间里，孩子已在原生家庭中构建起身份认知的坐标及参照，融入新的家庭生活必然需要他们付出额外努力。面对这些全新的参照体系，一切都要推倒重来，这往往颠覆了孩子的已有认知：一个和自己毫无血缘关系的兄弟可能比亲兄弟更"令人敬佩"，一位毫无血缘关系的姐妹甚至比亲姐妹更善解人意，或者一位无血缘关系的外婆比亲外婆更加慈爱。

如今，许多成年人都自我满足地认为只要向孩子说出真相，一切都会迎刃而解。然而，所有解释，甚至是辩解并不能解决全部问题。话语本身没有魔力，那隐藏在每一个词语背后的含义却都随着孩子生长阶段的不同而发生着不同的变化。事实上，应该反其道而行之：父母首先需要了解孩子所处的生长发育阶段，以此理解该阶段会引起孩子内心波动的种种情感。不管是幼年"俄狄浦斯情结"

阶段还是潜伏期，甚至步入青春期，每个生长阶段的孩子在其逐步融入新家庭的过程中都会遭遇不同的困难。对于一个三四岁的女孩来说，相对于看到母亲另结新欢，且另一半有一个和自己年纪相仿的孩子，她看到父亲同另一个女人一起生活可能会感到更加痛苦，这也令她与新家庭成员的关系剑拔弩张；同理，某些正处于与自我产生的乱伦欲望相抗争的青春期少年，看到母亲为了追寻新的爱情而离家时，内心会产生巨大的痛苦。

十岁的法布里斯和十二岁朱丽叶每次去父亲家过假期时总是表现得不情不愿。离婚几年后，父亲如今和另一个女人一起生活。这个女人有个叫玛农的小女儿。当这对姐弟来到父亲家后，玛农大方地将卧室让给他们住。然而，问题偏偏就出在这儿：法布里斯和朱丽叶受不了玛农在卧室墙上装饰的各种海报贴纸，甚至要求她把房间清理干净！这样看似极其任性的态度恰恰反映了姐弟俩对玛农深深的敌意。而玛农唯一"做错"的便是能够每天同姐弟俩的父亲共同生活而已。

孩子间的诸多问题往往因卧室分配而加剧恶化，这并非偶然。不管是孩童还是少年，卧室都是集体生活空间中的一块私人领地，为每个人提供了一个进行游戏、学习、畅想、休息或者进行某些更私密行为的隐私区。综上所述，这是一片难以与他人共享的区域。

在许多重组家庭中，卧室往往根据每个人的有效使用时间而进行理性分配。然而这样的分配方式有时也显得颇为棘手。没有居住空间困扰的家庭在这个问题上具有优势，可以为每个孩子提供属于自己的卧室，即使他们不在家中也丝毫不受影响。当拥有了自己的领地，即使并非经常在此生活，孩子也不会产生自己只是个"来访者"的内心感受。

然而有时，既定的家庭秩序会被孩子们打破：他们彼此交流，重新分组，使得原本因血缘或年龄因素而形成的合乎逻辑的小团体四分五裂。在某些特定时期，当所有孩子共同生活在一起时，他们的组合关系要么不考虑血缘因素，只因个人喜好结合成新的重组手足关系；要么相反，与自己的亲生手足紧紧抱团。孩子因环境和情感而产生的种种变化往往与作为成年人的父母和继父母的想法背道而驰，与他们对于重组家庭内部的生活规划相矛盾。

这样的同居生活需要格外地用心经营。事实上，让同血缘的孩子与亲生父母保持一定的独处时光是十分重要的。孩子们需要个人情感的表达，需要感受到自己是被关爱的，也需要与祖父母们保持联系。总之，需要有他们希望得到的某个团体或某个家庭的认可，并与之分享价值观和共同记忆。

半血缘手足间默契感的产生并非轻而易举。我们不能将之比做交朋友，因为他们非但不是自由意志下的选择，还要一起分享生活的方方面面。

这一次的诊疗咨询围绕一位母亲和她的两个孩子马里奥和洛雷特而展开。小男孩马里奥情绪极不稳定，经常大发脾气；而洛雷特从一开始便霸占了所有的空间和关注：她跟所有人交谈，一刻也不停地动来动去；哥哥则安静地坐在椅子上，注视着她。

　　这是一个重组家庭：马里奥诞生于母亲的第一段婚姻，定期与亲生父亲见面；洛雷特是母亲与第二任丈夫所生。在母亲获得马里奥的监护权之前，两个孩子曾分开生活长达六个月。

　　突然，在聊天过程中，洛雷特转向母亲，称马里奥刚才哭过。面对哥哥的否认，她仍然坚持；马里奥则极力辩解，情绪越来越激动。由于说不过妹妹，他叫母亲来评理。然而，还没等母亲开口，洛雷特便靠近母亲，趴在她耳边嘀咕。小男孩的怒火愈加难以控制。"每天都是这样，"母亲向我解释道，"只要女儿一靠近我，他就表现出这副样子。跟我的先生在一起时也是如此。"

　　其实，小女孩总是乐于挑起与哥哥的冲突，然后故意在父母的耳边说悄悄话，仿佛在说着什么秘密似的。这一切当然激怒了马里奥：她到底跟父母说了什么自己不能听见的话呢？

　　通过此举，洛雷特向哥哥表达着这样的信息：她与父母之间有着哥哥所没有的亲密关系；而且和哥哥正相反，她有一位可以吐露心事的亲爸爸和亲妈妈。马里奥也应该和亲生父母分享自己秘密，但父亲只能在探视期间见到儿子。妹妹将马里奥排除于"正常"家庭之外。然而，马里奥是个极其敏感的孩子，他对于几个月才能见到亲生父亲的"监禁生活"感到十分痛苦。

　　洛雷特于是利用其父母表现出与马里奥的竞争关系。实际上，需要接受心理帮助的孩子并非是这个同母异父的哥哥，反而是对哥哥表现出某种恶意的妹妹。哥哥只能通过发脾气来回应妹妹的挑衅。借用圣奥古斯丁的定义，这个"多形性反常"的小女孩如何克制自己不从其制造的争执中获取附带的快感呢？父母才是解决这类家庭矛盾的关键。他们必须在哥哥在场的情况下制止洛雷特在自己耳边说话的行为。

　　由于重组家庭中的孩子常常往返于两处居所，这一复杂性特征要求重组家庭必须对日常生活进行良好的规划。这个家庭可能在某些阶段子女人数众多，而在其他时期只有一个孩子。因此，考虑到变数颇多，为重组家庭制定一个精确的生活模式显然是不可能的。重组手足关系也往往分为两类：第一段婚姻所生孩子和重组夫妻共同所生孩子，或者还有第三类：前一段婚姻中与离异伴侣共同生活的孩子。这些不同的小群体依据探视时间或长期或短期地生活在一起。

　　对于孩子们而言，从一处住所转移到另一处，如此的循环往复常常与生活模式的变更和新生活空间的重新调度联系起来。孩子们更是经历了亲子关系和手足关系的不断颠覆。这些改变往往被视为不稳定因素，使孩子们长期生活在焦虑之中。因年龄和性格的不同，有些孩子能够逐步适应，另一些则深受其扰。然而，不管哪一种情况，他们都需要一个"减压舱"，一个过渡性质的时空，以便使自己放下原有家庭的生活习惯而逐步适应他们即将进入的家庭生活。

　　有时候，来到一个"拼盘式"家庭会引发手足关系中地位的改变，即手足间排行的变化。这一转变对孩子来说既可能是障碍，也可能是机遇。然而某些孩子始终难以在两个家庭中分别找到一个"舒适"的位置。

此外，随着居住地点的改变，由于孩子与双亲共同维持的特殊亲子关系已经不复存在了，因此他（她）必须从一种单亲相处模式切换到另一种。孩子需要根据自己在父母分别的处所居住的时间长短建立起两种全新且互动方式不同的默契联结。然而，不管怎样，家庭的重组对于孩子而言往往伴随着因新情感联系的建立而形成的复杂心理发展过程。心理发育的某些阶段和家庭关系结构中的新模式，都有可能给孩子造成短暂的情感困扰或真正的情感危机。坏脾气、愤怒、自闭、成绩差、离家、暴力倾向或小偷小摸行为都是这些困扰中最为明显的表现。

露西的青春期过得非常糟糕，才十六岁的她已经五次尝试割腕自杀了。她还时常出现幻觉：即使静止不动，她也时常感觉自己换了一个房间，或者听见了某些声音。她的母亲向我解释，这些行为都是从露西最小的哥哥因结婚而搬离家庭后表现出来的。母亲还特别强调，露西曾经有过"三个小爸爸和两个小妈妈"，这些"爸爸妈妈"正是母亲第一段婚姻所生的孩子们，他们与最小的露西相差了十六岁。

相反，露西很难理解父亲这一身份。虽然爸爸年事已高（将近七十岁），露西自言爸爸对她来说更像个哥哥。他们一起下大富翁棋，也总是为选择电视节目而争吵。我认为在小哥哥搬离家庭之前，原本就很脆弱的露西更因这件事而感到自己的心理状态每况愈下。由于露西敬畏小哥哥的威严，且两人长得很像，因此哥哥对露西来说扮演着一部分父亲的角色，像生活中的一个支点。

父母的行为在教导孩子如何在重组手足关系中与他人相处起到了至关重要的作用。父母需要通过定期组织家庭聚会，使被种种不同探视时间分开的孩子们重新聚在一起；通过此举，他们将引导孩子萌发彼此靠近的渴望，进而产生对于一个团体的归属感，最终在孩子心中播下期待团聚的愿望种子。因为只有通过孩子们之间频繁的接触，才能使他们产生稳定手足关系的感情，这与在一个毫无家族过往经历的家庭稍有相似。例如用餐永远是家庭生活中的重要时刻，它首先标志着一段充满话语交流的共同时光。不管在交流谈话中，还是在家务劳动里，新父母们都应该不断试图最大化地创造这样专门陪伴孩子们的共同时光。

对于重组手足关系中的孩子们，只有当他们共同经过较长时期的童年生活后才能产生对同一手足亲情的归属感。在任何情况下，手足关系都建立在共同经历的点滴小事上。一起长大、肩并肩地取得进步、接受同样的教育，所有这些都是构筑起由不同个性和前期生活经历的个体所组成的手足关系的钢筋水泥。孩子们相遇时年纪越小，共同分享的时光越多，就越会建立起纯粹的手足情感关系。在这一集体中，手足关系也因这些独一无二的生活经历而变得富足；相反，当孩子们相识时的年纪越大，相差的岁数越多，手足情感不会那样坚固且稳定。兄弟姐妹间的感情主要形成于童年时期，因为在这个阶段，个人心理发展能力较弱，"一起做"的意识则十分强烈。而在此后的阶段，个性的发展则要求自我与身边的人和物拉开距离。

当不存在血缘关系时，只有亲密的生活距离和共同的生活点滴才能加强孩子间的各种情感心理，包括好感、对立或敌意。

同母异父的克莱芒和弗洛里安与母亲生活在一起。九岁的弗洛里安曾经与父亲一起生活。当父亲去世后，他便开始对哥哥克莱芒举止粗暴。由于克莱芒大弟弟两岁，且长得高大威猛，弗洛里安便在家里设置各种陷阱来欺负哥哥。他曾狡猾地把哥哥的床腿锯掉，在门梁上放置一些物品，或在哥哥房间的地板上涂满肥皂水等。总之，他用尽一切手段要让哥哥摔个大跟头或受点皮肉之苦。

弗洛里安语带担忧地承认："我感觉有某种东西在命令我折磨他。"如果他再长大一点，这种行为就可以被诊断为是"人格狂躁症"。然而，导致其困扰的源头并非哥哥，而另有原因。

父亲的去世是影响弗洛里安的一起重大事件。实际上，就在他成为没有父亲的孩子的同时，克莱芒却与曾经对自己漠不关心的亲生父亲相认了。这激发弗洛里安对以前一直相处融洽的哥哥产生了一种强烈的对立情绪。弗洛里安语带无奈地清晰表述了自己内心的混乱情绪："不光是我失去了我们的爸爸，而克莱芒，他竟然找到了他自己的爸爸。"

当兄弟俩认为一起生活的男人是他俩的父亲时（弗洛里安的亲生父亲是克莱芒的继父），他们的确相处得不错。而父亲与哥哥两个角色的同时分离令弗洛里安难以承受，他无法从痛苦的情绪中走出来。克莱芒父亲的存在不断提醒着弗洛里安已逝的父爱温情。

血缘关系也可以导致每个孩子产生截然不同的反应。相对于接受和自己同父异母或同母异父的孩子共同生活，和那些继父或继母所生，与自己毫无血缘关系的孩子交往无疑要容易得多。与这些"假兄弟"和"假姐妹"之间的竞争关系是无法同半血缘关系的手足竞争相提并论的！

我认为，那些原本家中的独生子女在重组家庭中成为老大的同时，也经历了一段尤为艰难的考验。面对弟弟或妹妹的出生，孩子的内心除了受到典型嫉妒情绪的困扰之外，还会回想起那些压抑在内心深处关于其亲生父母间种种争吵不断的灰暗生活往昔。当全家围绕新生儿感受着幸福和快乐时，老大则陷入最强烈的不安之中：成为哥哥姐姐已非易事，在这样的状况下更加艰难！无论是亲生父母还是继父母，所有的成年人都应该给这些孩子以更多的关心，帮助他们融入新的手足群体之中，并教会他们从中感受快乐。

某些孩子的经历甚至更加曲折。由于与没有监护权的父母一方缺少联系，他们直至很晚才如同发现一个秘密般获悉自己居然有半血缘的弟弟或妹妹。因此，孩子会觉得自己遭到父母的背叛和遗弃，认为他们并非足够爱自己，以至于都没有同自己分享他们人生中如此重大的事件。在这种情况下，想要在两个孩子间建立某种手足情感更是天方夜谭。此外，在虽然知道自己拥有半血缘的弟弟或妹妹却素未谋面的情况下，孩子也很难对这样的手足产生好感。他们常常对此类接触采取抵制态度，认为这样的见面是对与自己共同生活的家长一方的不忠。

普遍情况而言，当父母离婚时争执不断，或没有向孩子们清楚解释个中缘由的话，那么在新家庭中，不管是面对成年人，还是其他同龄人，孩子们都会采取回避态度；至于那些诞生于新婚姻关系中的孩子们，由于他们在家中有始终陪伴在旁的父亲和母亲，于是成了其他孩子的强烈嫉妒对象。他们被视为是新婚夫妇的"黏合剂"。这种"黏合剂"作用相比起父母各自第一段"失败"婚姻里的那些孩子们所起到的作用要更为"高效"。

不管是重新建立起一个新家庭，还是在破碎的婚姻关系之外继续维系亲子情感，在很大程度上都取决于夫妻分手后的关系好坏程度。"离婚对孩子没有造成任何问题""离婚不会对孩子们之间的手足情感产生任何改变"，这些言论都过于轻率。一个与父亲或母亲相处存在矛盾的孩子可能会发现继父才是自己真正的聆听者，那么就会从父母的离婚中获益；相反，一个与父亲相处十分融洽的小姑娘必须因父母的离异而被迫和父亲分开，那么她可能会觉得继父让人难以忍受。因此，离婚不光只是父母情感故事中的一环，同样也在孩子的个人经历中留下了难以抹去的一笔。

最后，依我之见，父母不见得非要用这套陈词滥调来向孩子解释："尽管爸爸妈妈分开了，但是我们还互相爱着对方，想着对方。"首先，这种说法不符合现实情况；其次，这更会使孩子深陷于困惑之中：当嘴上说爱着彼此的两个人，表现出的却只有仇恨时，这叫人如何理解呢？

10

手足关系是什么？

维系兄弟姐妹的手足关系是一种亲密无间的情感体现，它并非出于个人意愿的选择，而是由父母强行植入到每个孩子的生命之中。从很早开始，孩子便已经知道父母给自己带来了一位或几位同走人生道路的旅伴。我更倾向于将手足关系比作一种慢性病，伴随着危机四伏的惊险时刻，也伴随着弥足珍贵的缓冲时期。然而在所有儿童疾病中，这种慢性病有着令人震惊的独特性：早在孩子接触到诱发致病因子前，该病症就已显现。这在医学上简直是个独一无二的特例！确实，即便孩子内心深处充斥着矛盾的情感而并没有明显预兆，甚至还声称自己想要一个弟弟或妹妹做伴玩耍，而当他（她）得知父母决定要让另一个孩子与自己共同生活时，这种病症便爆发出来。独生子女是家庭的中心人物，倘若其在孙辈中也排行第一，就甚至成了整个家族的中心。那么这个孩子将无法想象自己成为老大后会遭遇多么巨大的情感震荡。

父母们经常带着自己的孩子来到我的诊所，向我求助如何对付这些让他们濒临崩溃的，性格霸道古怪且时刻像个"小尾巴"一样黏人的小怪物们。然而，几乎没有任何父母从一开始就告诉我他们即将迎接一个新生儿的到来。这些大多数年龄在三四岁的孩子表现出的行为很快使我将思路聚焦于一种可预见性的手足竞争关系上。他们几乎已经同父母建立了一种独有的亲子关系，因而需要接受某些预防性质的心理辅导治疗。他们经常表现出强硬的个性，过度地支配和操纵着成年人，因此帮助他们应对手足关系所带来的情感冲击是必须的。如果缺乏这一准备工作，当他们需要同一个早已存在于自己想象中的小婴儿分享父母的疼爱时，则很可能陷入激烈的嫉妒情感中而痛苦不已。

"兄弟姐妹病"常由嫉妒、竞争、多动和暴力倾向等症状组成。此外，父母们还时常抱怨孩子晚上不好好睡觉或吃饭时多动等状况。孩子们这些"不适"的表现最让父母难以忍受，却也最容易诊断。对于其他行为表现，我们就不那么容易分辨其根源了。比如，我经常遇到一些受到自闭症困扰的孩子，他们不愿意开口与任何人交流。于是，我意识到自己是在从事一项多么奇特的工作啊，我的任务之一便是让一群"小哑巴"们开口说话！我的秘诀就是先和孩子们聊聊他们的兄弟姐妹。一旦我问他们："你的哥哥或妹妹是不是最招人烦呢？"这些通过自闭而反映出手足对立关系的孩子们会直勾勾地盯着我，然后斩钉截铁地回答："是我哥哥！"或者"是我妹妹！"

对这些孩子，我会表现得更加健谈，展现出更多的温柔，因为我认为他们内心一定承受着巨大的痛苦，才不愿意表达任何观点和感情，甚至发展成众人眼中不被理解的怪物。自闭症儿童常常表现出严重的心理紊乱。实际上，若想要鼓起勇气向其他兄弟姐妹表达自己对他们的种种不适感受，这群自闭儿童唯一缺乏的便是说话的机会。

"兄弟姐妹病"是一种由爱而生的病,伴随着矛盾对立和默契融洽。这两个方面常常紧密地交织在一起,以至于我觉得自己常常面对许多相互传染的现象,这尤其在双胞胎(同卵或异卵双胞胎)或同性手足中颇为频繁。例如,在我的诊所里,我记得这样一个令人吃惊的"传染状况",两个年纪相近的青春期姐妹彼此"交换"自己的病症:当一个人暴饮暴食,另一个就出现厌食症状,反之亦然;当一个人离家出走,另一个便迫不及待地追随模仿等。父母自然对此束手无策,只有暂时性地将两姐妹分开才能打破这种恶性循环。

血缘手足

家庭状况、维系手足情感的强弱程度充满如此之多的变数,要用寥寥数语给"手足"一词下定义是不可能的事情。然而有一个事实毋庸置疑:由同一对父母所生的孩子所组成的手足关系拥有共同的遗传基因,但这些基因具有不同的表现形式:部分基因在某些孩子身上是显性的,在另一些孩子身上则是隐性的。因此,在同一个家庭中,并不是所有孩子都拥有相同的发色、发质、瞳孔颜色、脸型等生理特征。其实,如果说我们如此看重同一家庭中孩子们的外貌相似性的话,那是因为这些相似的特征提醒着每个家庭成员这样一个事实:我们彼此血肉相连。然而有趣的是,这些相似特征首先是由非家庭成员所发现,父母只是经常从旁确认。在一个传统家庭中,几乎没有一对父母敢断言孩子们与自己一点也不像。但相反,也几乎没有一个孩子会不假思索地声称自己与兄弟姐妹们彼此相像。

最后，我的职业经历使我发现遗传因素在手足关系中的作用存在相对性。在从诊过程中，我经常接待来自同一家庭的孩子们，他们之中一人患有某种遗传疾病，其他孩子则健康无碍。在同卵双胞胎中，即使两个孩子都携带完全相同的遗传基因，生长发育过程中的偶然性也会使他们产生明显差异。

六岁的奥克塔夫和亚历克斯是一对双胞胎。亚历克斯患有自闭症，如同 90% 受到自闭症影响的双胞胎一样，奥克塔夫也产生了一些个性问题的困扰，主要为语言和沟通障碍。

这对双胞胎兄弟间的关系十分特别。奥克塔夫从来也不会主动提及孪生兄弟，每当母亲说到亚历克斯时，他会以霸道的口吻对母亲说："你闭嘴。"他也从不会在图画中画下亚历克斯的形象，倒总画他的大哥哥亚瑟。实际上，奥克塔夫已经将亚历克斯从这个家庭中"清除"出去了，因为这个和自己关系如此紧密的兄弟，却只会结结巴巴地说话和疯疯癫癫地傻笑。显然，奥克塔夫需要接受心理治疗才能更好地成长。

当今时代，血缘在生物性方面的作用越来越相对化。夫妻婚姻关系的破裂，子女手足关系经历一次或多次重组，因此，人口众多的大家庭现象几乎只存在于重组家庭中。孩子们脆弱的肩膀有时难以负担父母们之间过于复杂的情感故事，而手足间的凝聚力又不足以缓解每个人遭遇的困扰。

我想起了一个小男孩的故事。他因父母离异而远离父亲生活，对母亲却态度粗暴。母亲决定安排儿子同其现任丈夫的儿子，即小男孩的新哥哥进行经常性的见面，认为这样可以使儿子获得来自兄弟间的支持，然而收效甚微。因为这个小男孩认为自己对母亲态度粗暴可以使其改变主意，让他和父亲一起生活。通过这样的行为，他企图留住父母破碎婚姻的完整形象。

科学技术也颠覆了各种家庭关系。越来越多的夫妻得益于医疗辅助生育手段而为人父母。然而，通过技术手段实现的生育常常不能使夫妻双方成为具有相同名分的父母。例如，通过配子捐赠（卵子捐赠与精子捐赠）治疗不孕不育往往会给血脉的延续划上一道伤口。相反，只有体外受精技术可以百分之百保证具有父亲身份的人和为受精卵提供配子的人恰好是同一人。然而这种空前的繁衍方式常常会给父母和家中所有的孩子同时造成种种心理困扰。

雨果是借助科学技术诞生的孩子。他的诞生源于一颗由父母各自的配子在体外结合形成的受精卵。外婆在母亲怀孕期间去世了，这使母亲陷入严重的抑郁状态。雨果二岁时，小弟弟威廉诞生了。这个孩子的降生颇为意外，因为原本不孕的母亲自然受孕了。接着家庭人数还在逐渐扩大，又多了一个叫苏珊的小女孩，长相与过世的外婆十分相似。再后来，最小的妹妹朱斯蒂娜也出生了。

二岁的朱斯蒂娜是唯一和雨果相处融洽的孩子。雨果常常保护着这个小妹妹，充分扮演起大哥哥的角色。然而，他与另外两个弟弟妹妹则冲突不断，尤其是他经常会野蛮地咬住弟弟威廉。雨果也曾对母亲做出过这样的暴力行为。

在我们的谈话中，雨果告诉我，他想成为一名"鳄鱼专业的大学生"。当我和他聊起他们的家庭所经历的种种事件时，这个男孩十分详细地向我讲述母亲在外婆去世时承受的痛苦。他还补充说道，自己想去与外婆重聚，这样一来就会和外婆一样永远成为母亲的挚爱。至于他的弟弟和妹妹们，雨果则希望看见他们都老老实实地待在精子银行的冰柜里。

这位立志研究鳄鱼的未来大学生生活在一种手足竞争中，其根源却来自出生时的周遭状况。他的出生让妈妈恢复了生育能力。由此看来，实际上他才是这个"偷"走了父母关注的庞大家庭的主要负责人。因此，他选择用一种看似退化的咬人行为，来引起他人的注意。这种行为是婴儿与成人交流的典型方式。对他来说，这也是一种像鳄鱼咬人一般的本能动作。

同一对父母，不同的孩子

那么，除了几个基因之外，兄弟姐妹还有什么共同之处呢？教育？不一定，因为父母在孩子们的整个教育过程中的表现并非完全相同，会随着与每个孩子的接触而不断改进。此外，每个孩子从出生起在某些能力方面的表现或突出或不显眼，逐步建立起各自不同的心理发展轨迹，以及与父母和亲人们特有互动方式。童年时期亲子关系的亲疏对每个孩子而言，或许是一种机遇，也或许成为一种不幸。因此，孩子会与父母中的一人产生情感及心理上的"心心相惜"，即使这乍看上去还挺不错，但有时却是导致孩子产生某些心理困扰的祸根。要解决这种状况，只需从心理层面拉开孩子与父母的距离。

在前文中，我已经提及了儿童精神分析师这一职业的特殊性。让我们再来看一个案例：一段时间以前，当给一位小姑娘进行治疗时，我向她的父母建议给女儿买一只小猫。由于小女孩和母亲之间过于亲密，而母亲本人就有着心理问题，这个小姑娘因此睡眠质量很差，表现出一种对死亡的巨大恐惧。然而很有意思的是，当假期在外婆家时，因为和外婆共住一间卧室，她每天都睡得很好。显然，这个孩子需要某种保护力量的陪伴才能重拾睡眠。由此，养只猫的念头在我的脑中闪现，因为我坚信小猫将带给她一种可贵的帮助。猫首先是个好睡的家伙，喜欢蜷缩在垫子或鸭绒被里呼呼大睡；其次，也是身手矫捷的夜行者。猫的治疗作用一定会在小姑娘的康复中占决定性地位，因为它使小姑娘逐渐学着适应一个有时不那么"忠诚"的护卫的陪伴。尤其需要指出的是，我偏偏选择这种动物用于治疗还因为小女孩的母亲很讨厌猫；那么它的存在就可以在母女之间划出分离界线，也能避免两人因亲密联系而引起母女间在神经质方面的传染现象。

我所接触的来自同一家庭的孩子们都在各自的学习、智力发育、职业成长道路、人际关系及情感方面经历着彼此不同的生活轨迹。关于"天性使然"和"后天习得"的陈旧争论在我看来已经尘埃落定：如果说先天因素在决定个体发育中占据80%的比例，正是那剩下的20%后天习得赋予了每一个个体独特的人格。对每一个孩子来说，大脑的神经发育的确是完全相同的。然而所有的研究证据都强调了早期为数众多且变化多样的刺激反应对脑部发育的重要影响。正是这些刺激保证大脑皮层的良好表现,使人类逐步获得诸多感觉能力和学习能力。因此,不管是在手足还是同龄人中,没有任何两个人是完全相同的。

回忆的力量

我认为,将手足关系成员凝聚在一起的是他们共同的过往回忆,首先体现在对那些从老大传给老二,再从老二传给老三的种种小物件的记忆中。普遍而言,兄弟姐妹都是在同一张摇篮床里长大的,玩着同样的玩具,穿着同样的衣服。这些标志着一个时代终结的"宝贝们"从此安静地躺在阁楼一角,好像这个家庭还没有趋于完整似的。在某些家庭,人们将那张见证一众子女成长的摇篮保存起来,以便在将来的日子里迎接第三代的诞生。

物品的分享必然会牵扯到另一种行为,即"赠予"。在手足关系中,赠予行为几乎总是在父母的要求下进行。那么即使得到了孩子的同意,这仍然会依据实际情况而不同程度地引发家庭裂痕。把自己的小床、玩具或衣服让给弟弟或妹妹使用的老大会从此对该物品始终保存着一份思念之情。长期以来,每当看到弟弟使用或穿戴着这件物品时,老大便会想到:"在我小的时候,它曾经属于我。现在,归他了。"这件磨损的,或多或少被人遗忘的物品此时却因着记忆的力量而焕发青春,甚至变得愈发完美。但是这份遗憾也有着积极的一面,因为它象征着老大的成长与改变。尽管如此,我仍希望父母们学会分辨那些过于私密而不适合赠送的物品:一只曾每晚帮助自己驱赶想象中的各种妖魔鬼怪的毛绒玩具熊，已经过世的爷爷送给自己的第一辆玩具小汽车，慈祥的外婆亲手编织的一件套头衫……不管是什么，要将这些私人物品赠予他人必须要同物品的所有者，即孩子进行协商，这样才不会破坏孩子保留的那份记忆，也不会因此唤起孩子心中的怨恨。

当孩子步入青春期，分享物品则具有了另一重意义。常常上演着你借我一件衣服，我悄悄偷走你一件衣服之类戏码的孩子们，实际上通过这类行为进行着一种身体互换的游戏。由于他们拥有相同的遗传基因，相同的父母，也就自然喜欢分享相似的外形装扮。这类型的手足关系已经超越了兄弟姐妹的范畴，因为青春期的孩子也同朋友们互换衣服。这是他们确认自己属于某个团队、某个集体的方式。例如橄榄球或足球运动员都穿着款式相同的背心，这首先是为了显示他们属于同一支球队，正在共同奋战于同一场竞赛。

在一奶同胞的手足关系中，孩子们也生活在相同的空间里。对这些共同生活场所的分配，如厨房、浴室和起居室的使用等，常常成了争论的焦点。因此，某些孩子总是坚持固定自己的就餐位置；为了抢到家用小汽车里的最佳位置，他们争论得不可开交。对于一个养育三个子女的家庭来说，小汽车里最不舒服的位置就是后排中间的座位。因此，许多父母不得不要求孩子们轮流坐在中间。我甚至还见过某些家庭用抽签方式来决定座位！

在空间分配的问题上，我深深赞同这样的观点：每个孩子拥有属于私人的空间是十分重要的。如果单人卧室不可能实现，那么至少为每个孩子准备一个衣柜，或一个可以上锁的抽屉。应该同兄弟姐妹分享一切的观点会将手足关系置于危险境地，父母应当努力促成孩子间的"隔离"。

虽然兄弟姐妹长期共同生活，但每个人都对这段共同经历的时光保留着只属于自己的私密记忆。我想以孩子们对于家庭度假的最鲜活的记忆来举例。几年之后，每个人对这段旅行的记忆各不相同。一些孩子对地点印象深刻，另一些则久久回味着自己在某个体育活动中的进步或一场浪漫邂逅的内心悸动。家庭生活的经历会使您了解到，共同分享的时间和空间并非对于每个孩子来说都具有相同的价值。

此外，手足关系中的每个孩子都是独一无二的存在，他们了解这个世界的方式和节奏也各不相同。每个人都有自己独特的天赋、感知力、感觉和记忆。生活的偶然性尤其会使每个人以那些对自己产生深刻影响的事件为基础而逐渐成长起来。

我坚信，手足关系的珍贵之处在于其拥有的魔法力量，使每个人得以重温那些或诗情画意，或惊心动魄，或滑稽可笑的往昔时刻。每次的开场白几乎总是如出一辙，"从前……"这样的开头语在兄弟姐妹的口中就变成了"你还记得吗？"……以我的从医经验来看，在手足关系中，有些人往往比其他人更善于储存记忆。可以说，他们是某些已经被人遗忘的亲密时刻的守护者。他们不光收集并保存自己的记忆，也留存着其他手足同胞的种种往事。这个角色常常由老大承担。由于他们能够追溯时光，为那些因年幼而没有记忆留存的弟弟妹妹提供家族过往参照，老大们也因这份活跃的记忆力而拥有了某种超乎寻常的力量和权力。"你当时太小而记不起来了，但那一天……"就这样，通过老大的不断口述，这段记忆就和真实的生活联系到了一起，而所谓的现实几乎就是由这些拥有记忆能力的人们归纳总结出来的。

差异联合会

身为某个人的兄弟或姐妹是件相当奇特的事情。手足关系的形成立足于诸多共同基础之上，如生物性基础、遗传性基础、染色体基础和由共同的生活经历组成的家庭基础。然而，尽管拥有这些共同的基础，手足关系中的每个孩子依然存在差异。在我看来，每个孩子特有的性格特征恰好证明了以下观点：对生活中诸多事件的分析与感知的过程就是塑造每个独立个体的过程。

正因为每个个体都是独一无二的存在，个人地位优先于团体，因此从逻辑上来说，不管参与者或父母认同与否，手足关系总是建立于对差异的种种比较之上。每个家庭都遵循着大自然的相同法则：优胜劣汰。出于关爱，尽管父母依然表现出一定程度的宽容或鼓励，但这全是徒劳。没有一对父母愿意承认孩子的失败。不幸的是，在一个手足关系所构成的团体中，相对于其他孩子而言，总有一个会处于失败者的位置。

在从诊经历中，我经常遇到功课糟糕的孩子，这一点也不令人奇怪。学校是一台进行筛选和评估的巨型机器，孩子们的诸多心理问题最先都是通过平庸的学习成绩反映出来。然而所有孩子都知道，糟糕的成绩自然会引起父母强烈的关注。此外，比较行为也常常发生在体育运动方面，尤其在两兄弟或两姐妹进行同一种体育运动的情况下。两人中，一个往往比另一个更具有天赋和灵感，行动也更加敏捷，更具备策略意识。有时，往往先是哥哥或姐姐凭借其更强的体力和更成熟的心理状态占据有利形势，但很快就会被仗着年轻优势的弟弟妹妹超越。

父母总是认为比较有天赋的那个孩子会拉着另一个共同进步，或帮助另一个获得成功。然而在我接触过的案例中，我几乎从来都没有看到此类现象。一个在数学上成绩优异的学生愿意花费精力向其兄弟透露成功的秘诀实属罕见。因为他心中隐约藏着巨大的恐惧，生怕某一天兄弟就能将自己置于困窘之境。在体育方面同样如此。让我们试想一下：一个技术娴熟的青少年滑雪健将正享受着从难度级别最高的黑色雪道一冲而下的酣畅之感。您认为他会停下来等待一直觊觎铜箭奖[①]，却可能永远也无法企及的妹妹吗？不，他不会等她。不过倘若她摔倒了，他倒是会帮助她重新穿上雪板，或将滑雪靴的钩子系得更牢一些。

手足之间的互助往往带有一丝邪恶的起心动念。我们心里都埋藏着这样一个念头：把弟弟推倒，然后装作什么也没发生一样，这是多么有趣的事情啊！在手足关系中，男性和女性有着各自释放压力的方式：男孩子们追打，女孩子们则掐拧。我经常在单独谈话中向一些小女孩提问：你有没有掐过弟弟或妹妹呢？她们的答案总是："你是怎么知道的？"人们也常常将诸如反抗情绪、缺乏适应力和暴力倾向等不良性格特征归咎于手足间的竞争关系所致，这

---

① 在规定时间大回转滑雪比赛项目中获得第三名。前三名分别是：金箭奖、银箭奖和铜箭奖。——译者注

只是一个借口罢了。其实，竞争和嫉妒并非邪恶的情感，而是某种痛苦的表现形式，是向成年人寻求帮助和关怀的呼唤。

在两个孩子的家庭里，比较的行为发生得最为突出，尤其当孩子性别相同时，就愈加强烈。相反，在多子女家庭，处于最弱势地位、最"与众不同"的孩子会被保护起来；在这样的家庭，孩子们几乎总会在群体之中结成联盟，或找到与自己关系最亲密、最相似的兄弟姐妹。当个体差异在孩子们之中得到"稀释"后，来自父母的关注和督促也就减少了。

在家庭和社会中找到自己的位置

一个家庭往往围绕三条轴线构建而成：由父母二人组成夫妻关系、父母与每个孩子之间的亲子关系以及孩子们之间的手足关系。在个人性格塑造中，有兄弟姐妹相互陪伴的成长经历扮演着极其特殊的角色。为了在群体中生存，手足关系中的每个成员都需要找到自己的"栖身之所"，以将自己与他人区分开来。做自己，对于个体心理的平衡发展是不可或缺的。

如同诸多社会报告中论述的那样，手足关系最初表现为一种沮丧情绪，是成为哥哥姐姐的那一刻产生的最初形态。这种情感上的沮丧使孩子产生自己无法辨认的嫉妒情绪。在幼儿时期，孩子还无法面对"分享"，并视弟弟或妹妹为剥夺自己种种权利的掠夺者。他（她）意识到自己正承受痛苦，并尝试通过各种行为来降低其痛苦程度。当孩子对"挑衅"和"挑衅者"有所认知后，便开始意识到他人的存在，接下来就是如何"对付"了……

降生顺序、性别分配以及组成手足关系的人数决定了每一种手足关系都有其特殊的性质。除这些可统计数据之外，还与每个孩子的个人塑造和性格养成等因素相关，例如，健康状况、内向或易怒的性格、主动积极或被动跟随的行事风格等。以上种种因素决定着父母对每一个孩子的认知、对手足关系维系的整体认知，以及对每个孩子的个人培养和未来要求的认知。这些认知都是基于父母的"超我"意识，经常同其自身的手足相处经历紧密联系。

　　鲍里斯前不久有了一个弟弟。六岁的他只有一个人生目标：成为足球运动员。起初，我觉得这个孩子情绪十分悲伤，但通过谈话，我发现他并没有抑郁表现，只是感到焦虑，觉得自己犯错了。

　　就像我经常做的那样，我向孩子的父母问起他们各自的童年经历，以及他们各自与兄弟姐妹的相处经历。鲍里斯的父亲承认自己总和哥哥有严重矛盾。他不愿多谈此事，因为不想勾起那些不愉快的回忆。在家中排行老二的母亲则坦言和妹妹相处融洽，但和姐姐的相处总带有一丝嫉妒。据此，我总结出鲍里斯在手足关系的处理上深受父母的影响。另外，他的父母还向我描述了孩子的某些行为举止，我对此并不惊讶。例如，在母亲怀着弟弟的时候，这个梦想成为足球运动员的小男孩常常玩鬼心思，把球猛地踢向母亲。

　　如今，弟弟出生了。父母也担心起鲍里斯日渐频繁的手淫行为。他经常跟自己的玩具熊玩一种抚摸性器官的游戏。父亲对儿子的这一行为忍无可忍，责备了他。母亲则不知该采取什么样的态度，因为她自己在童年也曾有过此类行为。此外，鲍里斯显然明白了母亲的尴尬，并利用和母亲独处的时刻，尤其是当母亲给弟弟喂奶时，玩起自己最喜欢的性游戏。

在我看来，鲍里斯显然无法适应自己成为哥哥的身份转变。目睹母亲给弟弟亲喂母乳的场景后，作为观众的鲍里斯将该场景加以色情化处理，将自己的抑郁转变为对性的探知和手淫，并因此获得某种快感。这些问题困扰着鲍里斯的成长。为了帮助他成为一名伟大的足球运动员，我认为必须最大限度地改善鲍里斯和父亲的关系。

了解他人

从很小的时候起，孩子便通过与父母的相处关系来体验与兄弟姐妹相处的手足关系。这是一项漫长的心理建设过程，它使孩子逐渐摆脱自己对父母无时无刻的需求，将注意力转向自己的同龄人，即兄弟姐妹。孩子"个体化－分离"阶段是否能够顺利进行很大程度上取决于父母的行为表现，尤其是母亲的表现：无论是出于有意还是无意，父母既可能对"个体化－分离"起到鼓励作用，也可能对其产生阻碍。

孩子间有一套独立于亲子交流的互动体系。就如同和家庭范围之外的，如幼儿园里的小朋友交往那样，早在语言习得之前，手足关系的初步形成来自一连串交织着身体感受、肌肤碰触、气息、味道和声音的共同生活经历。接着，思维的构建使孩子之间的心理情感交流成为可能。因此，种种情感体验使每个孩子从他人身上获得了互补的处事态度。

九个月至三岁的孩子会显著地产生好感和嫉妒反应，这源于两方面：一方面，孩子还不能理解每个人在生活中的种种事件里扮演着自己的角色。例如，他不理解为什么有哥哥和弟弟之分。另一方面，他还无法设想每个事件都可能来自某个外界因素。因此，当哥哥看到妈妈给弟弟喂奶时，不会认为这是婴儿的饮食方式，却反而嘲笑弟弟的免疫系统出了毛病。他只有一个问题：为什么躺在妈妈怀里的人不是我？因此，在家庭的亲密关系中逐步形成对手足关系的认知，是每个人学习各种社会关系的必经之路。

精神分析学肯定了手足在每个孩子的情感发展中所起到的首要作用，认为手足关系是"俄狄浦斯情结"的延续形态，甚至与亲子关系同源。

安娜·弗洛伊德从对儿童的分析和基于一系列针对成年人的分析进行重新构建而出发，认为孩子的手足关系完全并直接取决于他们同父母的亲子关系。在这位奥地利儿童心理学家看来，一个家庭中所有孩子的相互关系都建立在对立、羡慕、嫉妒和竞争之上，旨在赢得和保留父母的宠爱。因此手足关系仅仅是俄狄浦斯三角关系，即孩子、母亲与父亲的附属品而已。手足间尖锐的嫉妒情绪，以及对任何可能被解读为父母的某种偏爱行为的细微观察，都是孩子对母亲需求的强烈反映。

而依我之见，断言与自己"争宠"的兄弟代表了"俄狄浦斯情结"中恋父表现的迁移，或认为对弟弟全心投入的姐姐取代了早期亲子关系中母亲的角色，这些论断都有可能使人们失去对手足关系特殊性的理解。然而，手足特殊性之一便是会迅速在孩子的生活中引发情感竞争。除父母离异的情况外（在这种情况下，男孩子常常会对母亲的新伴侣产生强烈的嫉妒），人类早期的嫉妒心理都是产生于手足之间的。从某种程度上说，俄狄浦斯并非嫉妒自己的父亲，而是深爱着自己的母亲；相反，他嫉妒的是自己的兄弟。

服从群体规则

在研究手足关系的几位权威专家中，我认为梅兰尼·克莱恩的思考为该领域的研究带来了一个有趣的观点，即公正性。在她看来，二胎的到来使父母常常被迫在孩子们中间做判决、主持分配和协商等工作，从而将公正原则引入了家庭范畴。老二的降生也宣告了一种"家庭法院"的成立：老大不再拥有和占据家庭的全部；他必须学会分享，学会理解种种日常状况，并为此做出妥协让步。他必须被迫同意根据弟弟妹妹的成长状况来调整自己的生活空间，甚至是思维方式。因此，老二的到来最终为家庭确定了"法律"：这种法律决定着群体的运作模式，将原本维系独生子女与父母的亲子关联置于次要地位。

事实上，手足关系使每个人学习着彼此间的差异。父母自己也会发现每个孩子的想法是不一样的，尤其他们不会像自己那样思考问题。我觉得，从民主的角度看来，和一个与自己思维方式不同的人长期近距离生活是颇有益处的。得益于群体决策、分享与机会平等的家庭原则，孩子们迅速地学会了宽容。

手足关系的另一主要优点在于，它可以避免有碍孩子健康成长的一种过分亲密的亲子关系的形成。父母必须将时间和精力分配于每一个孩子身上，这也促使每个孩子更快速地建立独立自主意识。

当看到大孩子们不再需要自己便可以游刃有余地解决问题时，父母们是绝对不会生气的，这使他们可以将更多的注意力集中在小孩子们身上。

　　每个孩子的降生都为父母们提供了一次感受不同亲子关系的新机会。在这其中涉及许多参考标准，如孩子的性格、出生状况等。我认为多子女家庭的父母有更多机会胜任"家长"这一难度极高的工作。因此，当每一个家庭成员都接受同一套可以使所有人正常地生活在一起的参考体系时，即使家庭矛盾仍然存在，手足关系却可以良好地维持下去。手足关系构成了一个微型社会，如同现实社会一样，它需要种种规则制约以防止情感冲动占据上风。但这并不意味着手足关系中不存在具有毁灭性的情感冲动，只是这些冲动已经被家庭及社会的规则所制约。

手足之情，经历时间的考验

　　手足之情在时间的不断延续中扎根生长，甚至比亲子感情更加持久绵长：我们做彼此兄弟姐妹的时间往往要比为人子女的时间长得多。依我之见，手足关系应该被视为一段彼此分享而非既定不变的时光。父母可能会说："因为我，你有了生命。"但兄弟或姐妹将会说："因为我，我们共同经历了一段时光。"

　　此外，"时间"这一概念在手足关系中占据最根本的地位。是共同经历的时光决定了团体的组成，建立其力量的强弱关系，确立团体中的领军人，煽动或平息诸多争执、吵闹和带有攻击性的紧张关系。其实，正是与兄弟姐妹的共同生活经历才使每个孩子在进入托儿所、学前班或学校与其他孩子建立交往之前，逐渐尝试着接受社会化转变；也正是时间"治愈"着手足间正常的竞争行为。无疑，无论是在不同人群间的交流沟通，还是面对即将展开的社交生活，手足同胞的共同生活经历比起独生子女的生活体验来说更具教育意义。

随着时间的推移，兄弟姐妹间往往会诞生一些小团体。这些组合的形成并非完全按照年龄差距划分。其实，真正发挥作用的是每个孩子生理发育和心理成熟度的客观状态，以及别人看待他（她）的方式。例如在一个有四个孩子的家庭里，排行中间的两个孩子没有老大和老幺那样惹人瞩目的优势，那么他们两人之间反而会形成一种更趋理性而非自然的亲密关系；再比如，在三兄妹中，相对于排行老二的弟弟来说，老大与最小的妹妹之间关系要和缓许多，因为弟弟的出生打破了他作为独子的平静生活，为此他总是耿耿于怀，而与妹妹结成的小团体则使他感到一种依靠，如果需要的话，这种依赖感可以帮助他解决诸多问题。

有时，在时间和每个孩子不同性格的双重作用下，由出生时间决定的家庭排行可能被打乱。例如，我曾见过这样一个孩子，他是家里的老幺，却是帮助存在沟通障碍的哥哥进行正常交流的最佳调解人。才五岁的他能够极其出色地帮助六岁的哥哥适应社交生活。然而，这种从结果看来是十分有益的帮助隐含着一种危害：老大过度生活在弟弟的支配之下，这种帮助会抑制老大独立意识的形成。若要在弟兄俩之间建立良好的关系，必须要帮助老大成长起来。

此外，我还发现，拥有兄弟姐妹的生活往往也使家庭呈现日益扩大的趋势。从此，一种类似社区的生活模式逐渐建立起来，通常围绕表（堂）兄弟姐妹、舅舅婶婶、一群有着相似困扰的成年人，以及处在相近生长发育阶段的孩子们而展开。因此常常出现这样的情景：几个小家庭齐聚在爷爷奶奶家吃一顿大家族团圆饭，或一起在老宅中度过几天的假期时光。然而，孩子们对爱与关注的争夺战也会扩大到爷爷奶奶或外公外婆身上……

青春期可能是手足关系中一段最脆弱的时期。年龄的差距在这其中起到了关键的作用。如何让一个初中生和才跨进幼儿园大门的弟弟做朋友呢？再比如，当一个孩子升入大学学习，另一个仍在高中为不留级而苦苦"挣扎"的时候，这样的手足关系同样具有较高的破裂风险。此外，手足情感难以抵挡某个兄弟或姐妹的"挚友"或"女友"突然且轻而易举的闯入。不管怎样，对于手足中的某些家庭成员来说，离开是有益的。

我接手摩尔的病例已将近一年了。这个十四岁的年轻女孩患有精神性厌食症，需要接受持续治疗。母亲在她幼年时去世了，是父亲将摩尔和哥哥、弟弟抚养长大。

这是我们的第三次会面。如同每一次的见面一样，她总是一边看着我，一边哭泣，因为她知道我要让她面对那些自己拒绝承认的心理问题。

由于每次的见面都有这样的状况发生，我决定尝试找到诱发摩尔厌食症的致病因素。为此我针对孩子们的相处状况分别询问了摩尔和她的父亲。从种种现象看来，十六岁的哥哥西蒙好像难以接受妹妹出生的事实，并且瞧不起她，总嘲笑她是个"胖子"。自从哥哥交了一个女朋友之后，事情开始出现转变。兄妹俩见面的次数减少了，尤其是西蒙显得更加懂得女人心了。事实上，自母亲去世后，他对所有女性都心怀怨恨。

摩尔可能太过于在意哥哥的想法了。但我认为，如果说哥哥的想法是造成摩尔产生心理困扰的原因，那是因为某些因素为这种困扰的滋生提供了沃土。母亲的去世将摩尔置于了一个艰难的处境之中：她是家里唯一的女性。如今，她不光排斥自己具有女性特征的身体，甚至抵制一切女性特征。她自认为忠于母亲，而不愿取而代之。

长远看来，通过心理治疗，她的病症终将痊愈。而在当下，为了让这个女孩能正常饮食，我想方设法使她相信如果自己不长胖的话，就再也长不高了，会一直这么矮。有时，患有厌食症的青春期少女们希望自己变得高挑起来……

成年人的手足关系

我认为，手足关系的破裂相对于亲子关系而言，确实具有更大的随意程度。通常人们认为，应该不惜一切代价维系亲子之情，却忽视了容易得多的手足分离。与普遍认同情况相左的是，手足情感往往比建立在血脉联系基础上的亲子关系更为牢固稳定。在我看来，步入成年后曾经的兄弟姐妹成为彼此陪伴的朋友，是手足关系最为理想的发展轨迹，因为朋友是个人意愿选择的结果，而父母则是每个人被动接受的。

初次的性体验抑制了手足中的乱伦欲望，也常常标志着距离感在他们之中初步形成；为了继续学业或步入职场而离开家庭则成为另一个阶段。在拉开彼此心理距离的同时也扩大了彼此间的地理差距。每个人都按照自己的意愿生活，自主安排时间而不需要顾及其他兄弟姐妹，并在手足关系以外找到自己的身份参照。

随着手足成员中的一人拥有了另一半，手足关系也跨入了新的时期。另外还要提及一点，婚姻关系正式宣告了女性与其同胞兄弟的分离，因为她将放弃自己家族的姓氏而被冠以夫姓。这种传统一直延续至今，直到最近女性婚后才可以自由选择姓氏。种种姻亲关系的形成，如姐（妹）夫、嫂子和弟媳的到来在为手足关系带来些许幸福体验的同时，也令人际关系变得更为复杂。尤其当婚姻的缔结建立于两对手足关系上时，这种带有乱伦意味的状况会使几个人之间的关系显得更错综复杂。在这个阶段，与其说家庭是通过血缘关系紧密维系的，倒不如说是婚姻将每个人紧紧凝聚，因为婚姻的首要职能便是消除乱伦心理的潜在危险。那么此时的手足关系必须在被动接受的血缘关联和主动选择的婚姻关联之间权衡利弊了。

"外来者"的加入常常为手足关系的格局重新洗牌。如果说在妯娌或连襟的影响下，手足情感或加强或削弱，那么通常而言，兄弟姐妹间深埋心底的宿怨将被重燃。在出现争执时，家庭新成员则别无选择地站在伴侣这边，投入到保护对方，为其辩护的行动中。夫妻二人同各自父母的关系在这个扩大的手足群体的构建过程中起着同样重要的作用。双方的家长既可能促成该群体的凝聚，也可能使其分崩离析。举例来说，一个不受婆婆喜欢的媳妇不大可能成为小姑子的好友，同样，一个与儿子交流甚浅的父亲也不会认为自己的儿媳妇多么讨人喜欢。

　　每一个家庭成员都会向各自的伴侣讲述自己家庭的所有共同记忆，包括所有在与兄弟姐妹共同经历的童年生活中形成的生活习惯、习俗惯例、行为和言语表达等。正是在这段"集体塑造的回忆"中诞生了维系夫妻二人的一系列价值观。在这些共同要素的基础上，手足关系中的每个人都各自找到了人生伴侣，并与之形成双方特有的价值体系。当所有家庭成员都分享和认同这些有着相近标准和规则的家庭回忆时，这个包含妯娌及连襟关系的扩展型手足关系才会更加稳定地持续下去。

　　最后，当兄弟姐妹各立门户，手足关系中的动荡不安便逐渐平息。而当其中一人受到不孕不育困扰时，手足关系又会再度复杂起来。例如，一个尝试过多种方法仍然不能实现做母亲愿望的姐姐，很难与自己的小妹妹，同时也是多个孩子的母亲关系亲密。此类状况令人心酸，却并非难以解决，因为姐妹之间的卵子捐赠案例还是相当多的。

　　步入成年后，手足间的凝聚力普遍取决于他们在过往生活中感情的亲密程度。正如通常所说，是历史让人们了解今天，塑造明天。幸存的手足关系可以使其中的每一个人评估各自在过去生活中的所得与所困。如今，兄弟姐妹相聚的机会和争执的话题逐渐减少，远离了共同生活中的喧嚣，手足间的情感日渐变成对某一个群体归属感的反映，在这种情感中，主观想象比真实生活经历占更大比重。然而，仍然有某些人终其一生都处在与兄弟姐妹无休止的吵闹中，可这些看似激烈的争吵俨然已经成为他们之间一种真正的交流模式了。

一些社会学研究可以使我们更清楚地认识步入成年阶段后手足关系的交往频率。如果彼此居住地距离在二十公里以内，将近三分之二的兄弟姐妹一周会见一次面；如果距离在五百公里以上，就只能一年见一次了。而且一般看来，住在乡下的见面频率要比住在大城市里更为频繁。总体而言，手足间的互访频率不及探望父母的频率那么高，且拜访频率与手足共同生活的时间长短和人数紧密相关。在人数较少或性别相同的手足关系中，孩子们之间更为紧密。如果手足关系并不那么融洽的话，这段关系中的所有成员都只是出于义务而勉强维持着交往，但内心深处则传来这样的声音："他毕竟是我兄弟（姐妹），我应该知道他（她）的一些消息。"最后，父母的双双离世彻底为手足关系松绑，新生命的诞生则又会将他们重新凝聚在一起。

无论如何，即使不常见面，几乎所有的兄弟姐妹都会时常互通电话和互寄家庭照片。从心理学角度来看，照片能刺激并协调对同一集体的归属感；照片也能使兄弟姐妹们看到彼此之间明显的相似之处，激发每个人想象着他们之间那些不太明显的相似性。表（堂）关系中的孩子们通过一张张冰冷的照片见证了彼此的成长，从而感受到某种亲近，并产生了想要经常见面的愿望。

兄弟姐妹会利用周末或出差的机会相互走动；他们有时也会利用几天的假期团聚在一起，常常以让孩子和表（堂）兄弟姐妹加深了解为由组织这类聚会；尤其是每逢节日，他们都会在父母的家中团聚，例如圣诞节或某些有纪念意义的日子等。总之，手足间交流的形式是多种多样的。他们彼此间交流的内容也停留在一些泛泛的信息，如孩子们的健康状况，自己的职业规划等，而经常掩饰起那些深埋心底有意或无意的怨恨和遗憾。这样的真实感受往往同真挚情感交织在一起。此时，追溯过去的诸多回忆可以帮助长大成人的同胞手足拉紧彼此间过于松散的情感关系。社会学研究也指出，意识形态和道德标准的分歧相比于经济地位的差距更易造成手足关系的破裂。此外，当遭遇经济危机或寻找出租房屋和工作时，手足间的互助行为往往颇为频繁。

然而随着时间的推移，在某些家庭中，由于每个人都只安居于自己的小世界中，手足关系因此便趋于淡化，最终导致距离的产生。兄弟姐妹们常常以工作繁忙或居住地较远等为借口解释彼此的渐渐失联。在这种情况下，父母便显得异常重要。他们具有将儿女们重新聚集在一起的能力，他们也因此必须肩负起传承某些家庭传统的义务，必须成为一股能汇聚众人的"不容推脱的力量"。

在其他家庭，甚至出现更加极端的情况：兄弟姐妹中的一人，或出于自愿，或受到众人排挤而远离同胞手足独自生活。"我们看不到他，我们之间也不再说话。"父母于是默默承受着这份寂静带来的心痛，认为这是他们为人父母的失败。而真实情况是，这类手足分离多出自孩子们的主观意愿。

手足关系与夫妻关系一样，在家庭的建构中起着同等重要的作用。虽然兄弟姐妹成年后不再共同生活，但他们仍然彼此交流着各自的社会认知参照。在这一点上，我认为人们也可以在自己的姑表亲戚、街道邻居或班里的同学中找到兄弟姐妹的替代人选。当遭遇情感危机时，这些"志同道合的兄弟"和"心心相印的姐妹"就显得尤为重要了。一天，我曾接诊过这样一位青春期少年。他原本已经因父母的离异而痛苦不堪，又刚刚听闻在自己心中一直以来都是稳定家庭的一方重要支柱的祖父母居然也离婚了。后来他在一个温馨的"收养家庭"中度过了这段痛苦的岁月，而这个所谓的"收养家庭"正是一位被他称为"好兄弟"的同龄朋友的家。

独生子女们对这类稍显特殊的"兄弟姐妹"关系十分了解。人们常常认为独生子女性格的独特性源于他们那段缺失兄弟或姐妹陪伴的生活经历。我反对这样的论断。所有孩子在成长过程中都需要同龄人的陪伴，这样他们能够区分彼此差异，互相交流，共同分享和沟通，甚至彼此对立。如果说独生子女存在某种独特之处，那便是他们可以在亲戚或朋友中间选择自己的兄弟姐妹。在这群"手足"的陪伴下，独生子女逐渐学会各种社会交往的游戏规则。我坚信这一点，而且认为这样的关系与亲生手足同样和谐与完整。独生子女和幼儿园或小公园里的朋友们在一起时，其言行举止同那些每天生活、玩耍在一起的兄弟姐妹别无二样；由此产生了关于互助、合作、身份认同和友谊等相同认知，也产生了极其相似的，对权威、行使权力和暴力倾向等的认知。我从来没有听见过任何一个独生子女抱怨自己没有兄弟或姐妹；就算提及自己寂寞的生活，孩子也只是遗憾身边没有一个能一直陪伴自己玩耍的小伙伴罢了。然而兄弟姐妹就能一直胜任这项任务吗？

我还想谴责另一个固有观念，即独生子女通过创造想象中的

"朋友"来补偿手足关系的缺失。其实，不管有没有兄弟姐妹，有没有上幼儿园，几乎所有三四岁的孩子都会经过这段成长时期。通过想象，孩子们更加坚定了他们对现实世界的观察和自身价值的观念。想象中的朋友可以帮助孩子们毫无顾忌地说出心里话，也可以听到孩子对其兄弟姐妹的诸多抱怨！

什么是兄弟？什么是姐妹？这些词语首先使人们想到一种亲情关系，接着想到一种真实或抽象的类比关系。《小罗伯特》词典为这些词语列出了同义词条："朋友""同志""伴侣"……《圣经》写道："我们都是兄弟。"指出我们都来自上帝造物，且我们应该互助互爱。

什么是友爱？《拉鲁斯》词典这样表述："存在于人类之间，存在于一个社会所有成员之间团结和友谊的联结。"

什么是手足？《拉鲁斯》词典定义为："来自同一家庭的所有兄弟姐妹。"这一解释使人略感失望，不如用下面这条定义替换吧："围绕一段共同记忆而展开的友爱情谊。"

参考书目

文章：

« Moi mon frère, moi ma soeur », *Dialogue*, n° 114, Érès,1991.

« Frères et soeur », *Le Groupe familial*, Fédération nationale des écoles des parents et des éducateurs, n° 81, 1997.

« La jalousie fraternelle », *Lieux de l'enfance*, Privat, n° 16, 1998.

« Liens fraternels », *Enfances et psy*, n° 9, Érès, 1999.

« La Dynamique fraternelle », *Dialogue*, n° 149, Érès, 2000.

专著：

Angel Sylvie, *Des frères et des soeurs : la complexité des liens fraternels*, Paris, Robert Laffont, coll. « Réponses », 1996.

Bettelheim Bruno, *Psychanalyse des contes de fées*, Paris, Hachette Littératures, coll. « Pluriel », 1998.

Bourguignon Odile, *Le Fraternel*, Paris, Dunod, coll. « Psychismes», 1999.

Camdessus Brigitte (dir.), *La Fratrie méconnue : liens du sang, liens du coeur*, Paris, ESF, coll. « Le monde de la famille », 1998.

Cohen-Solal Julien, Golse Bernard (dir.), *Au début de la vie psychique : le développement du petit enfant*, Paris, Odile Jacob, 1999.

Cyrulnik Boris, *Les Vilains Petits Canards*, Paris, Odile Jacob, 2001.

Rufo Marcel, Schilte Christine, Frydman René, *Vouloir un enfant*, Paris, Hachette Pratique, 2001.

Rufo Marcel, Schilte Christine, *Élever bébé*, Paris, Hachette Pratique, 2001.

Savier Lucette (dir.), *Des soeurs, des frères. Les méconnus du roman familial*, Paris, Autrement, coll. « Mutations », 1990.

Soulé Michel (dir.), *Frères et soeurs*, Paris, ESF, coll. « La vie de l'enfant », 1981.

Sulloway Franck J., *Les Enfants rebelles : ordre de naissance, dynamique familiale, vie créatrice*, Paris, Odile Jacob, 1999.

Zazzo René, *Les jumeaux, le couple et la personne*, Paris, PUF, coll. « Quadrige », 2001.